rororo

rororo

«Wenn Sie eine simple Technik suchen, mit der Sie einen neuen Mercedes bekommen, haben Sie das schon mit ‹The Secret› und unzähligen anderen Manifestationspraktiken getan. Und Sie waren frustriert, denn jetzt sind Sie offenbar auf der Suche nach einem neuen ‹Secret›. Gut, wenn Sie Magie wollen, können Sie sie haben. Dieses Buch will es Ihnen nicht einfach machen, sondern etwas wecken, was in Ihnen schlummert.

Wir suchen nach den falschen Dingen. Wenn wir das kosmische Einkaufszentrum betreten und wollen, dass unsere Wünsche erfüllt werden, ist unser Blickfeld extrem eingeengt. Wir sind auf Vergnügungen fixiert, die uns die Illusion des Wohlstands liefern. Vielleicht wollen wir einen Mercedes, und das Universum kann uns tatsächlich dabei behilflich sein. Aber das Universum könnte uns auch bitten, einen Blick in die anderen Regale zu werfen. Vielleicht ist etwas anderes besser für uns. Das Universum hat nicht den Wunsch, dass Sie im Überfluss leben – aber es bietet Ihnen die Möglichkeit, an seinem Überfluss teilzuhaben.»

Ruben Papian, geboren 1962 in Armenien, ist Heiler, entwirft metaphysische Verfahren und gestaltet Energiestrukturen. Er arbeitet international mit Menschen aus allen Gesellschaftsschichten. In den vergangenen zwanzig Jahren hat er Übungen zur harmonischen Entfaltung des Menschen in Einklang mit den Gesetzen des Universums entwickelt. Er lebt in Belgrad.

Ruben Papian

Wie Wünsche wahr werden

Aus dem Englischen von
Renate Graßtat

Rowohlt Taschenbuch Verlag

Die amerikanische Originalausgabe erschien 2012
bei Waterside Productions Inc., Cardiff-by-the-Sea,
unter dem Titel «Book of the Wish».

Deutsche Erstausgabe
Veröffentlicht im Rowohlt Taschenbuch Verlag,
Reinbek bei Hamburg, November 2014

Lektorat Bernd Jost
Umschlaggestaltung ZERO Werbeagentur, München
Umschlagabbildung © FinePic, München
Satz Berthold Concorde, PageOne,
bei Dörlemann Satz, Lemförde
Druck und Bindung CPI books GmbH, Leck
Printed in Germany
ISBN 978 3 499 62958 7

Besonderen Dank an
Eric Blakeney
William Gladstone
Gayle Newhouse
Tomaz Velkovrh

Inhalt

TEIL ZWEI

TEIL DREI

EINFÜHRUNG

Bekanntschaft mit einem außergewöhnlichen Mann

Ich hatte alles verloren: mein Haus, meine Frau, meine Karriere, mein Vermögen, den Respekt meiner Kinder – und den Respekt vor mir selbst. Die tiefe Dunkelheit, die mich umgab, verschluckte alles. Ich brauchte immer mehr Antidepressiva, Schlaftabletten und Beruhigungsmittel gegen Angstzustände – ohne dass etwas dabei herauskam. Alkohol, Vicodin: Nichts half. Die Therapie zeigte keinen Erfolg; mein Therapeut konnte einem leidtun. Ich ging all die spirituellen Selbsthilfebücher durch: Das Leben im Jetzt, The Secret, Die Lehren des Don Juan, Freud, Jung, Zen und dies, Zen und das. Sie leuchteten mir alle ein. Warum bloß funktionierten sie bei mir nicht? Die Meditationen waren im Grunde einfach: den Geist zur Ruhe bringen, den Atem beobachten. Ich hörte auf meinen Atem – für ein paar Sekunden, dann brachen die Gedanken ein, einer nach dem anderen. Stopp! Konzentration auf den Atem. Und wieder das Gleiche: Gedanken. Unerbittliche Gedanken, die ineinander übergehen und in sich selbst zusammenfallen. Das Gehirn wälzt jede Erscheinungsform einer jeden Seelenqual, ob groß oder klein, immer wieder hin und her und geht sie noch einmal durch. Okay, positive Affirmationen, jeden Tag. Wiederhol sie. Schreib deine Wünsche auf und fühl dich gut damit. Das Universum wird sich darum kümmern. Aber das tat das Universum nicht. Und ich fand es immer schwieriger, mich mit meinen positiven Affirmationen wohlzufühlen. Zweifel schlichen sich ein. War ich einfach nur ein New-Age-Trottel, der mit seiner verzweifelten Sehnsucht eine weitere Profit-Maschinerie ankurbelte und sich hinters Licht führen ließ? Vielleicht. Es fühlte sich jedenfalls so an. Innere Ruhe war unmöglich. Ich war verdammt. Ich ging zum Voodoo-Zauberer, zum Astrologen, zum Geistheiler, zum Santero. Sie waren sich bei ihren Sitzungen erstaunlich einig, alle sagten das Gleiche: Du bist ein gefallener König. Ja, ja, ich weiß. Aber jetzt bin ich nur noch ein Bauer. Meine ganze Macht und mein Reichtum waren verschwunden. Mein unerschütterliches Vertrauen, das ich einst wie das Gefieder eines Pfaus getragen hatte, hatte sich aufgelöst. Jedes Mittel versagte. Sie warfen Münzen und sprachen Zauberformeln, befragten Kristallkugeln, opferten Hühner und Ziegen (was bei mir Kummer und Schuldgefühle auslöste), erschufen magische Amulette. Nichts funktionierte. Wer konnte das verstehen? Vielleicht mochten mich die Götter einfach nicht mehr. War das alles, was von meinem Leben übrig blieb? All die schönen Dinge, die mein Leben ausgemacht hatten, sollte ich verlieren, eins nach dem anderen. Und alles, was ich tun konnte, war zuzusehen?

Gibt es einen Zufall? Oder ist alles so, wie es ist, vorherbestimmt? Ich war bei einem Meeting mit ausländischen Geschäftsleuten und versuchte wieder einmal, eins meiner Projekte auf den Weg zu bringen. Dabei fiel meine Aufmerksamkeit auf einen Mann, der am Rande saß, einen Osteuropäer. Wir unterhielten uns – nicht über Finanzen. Er war zwar als Berater für viele Geschäftsleute tätig, aber sein Gebiet war die Esoterik. Warum weckte diese Enthüllung mein Interesse? Ich hatte bereits mit einer ganzen Reihe von Leuten mit spirituellen Kräften zu tun gehabt, aus jeder Richtung und Glaubensüberzeugung. Nach ihrer Musik hatte ich schon getanzt. Unterhaltsam, ja. Wirkungsvoll? Bei mir nicht. Und dennoch war ich neugierig. Ich erkundigte mich bei einem der russischen Geschäftsleute nach ihm. Man sagte mir, Ruben sei in Osteuropa ein bekannter Geistheiler. Ach so, einer von denen. Es gab Gerüchte, dass seine mentalen Fähigkeiten von der russischen Regierung ausgebildet worden seien. Ich fragte mich, was das wohl bedeutete. Wir verabredeten uns zum Kaffee, um unsere Unterhaltung fortzusetzen. Sofort spürten wir, dass wir auf der gleichen Wellenlänge waren, und plauderten locker über Musik und Reisen. Schließlich kam das Gespräch auf metaphysische Themen. Ich war verblüfft über seine Offenheit. Als er über spirituelle Freiheit sprach, über Bewusstheit über sich selbst und die Möglichkeit, seine Realität zu verändern, geschah das nicht mit mystischer Selbstherrlichkeit. Er redete sehr praktisch, eher wie ein Wissenschaftler als wie ein Guru. Ruben wollte nicht das romantische Bild eines all-liebenden universellen Wesens heraufbeschwören, das für mich da sein würde, wenn ich es nur in mein Leben lassen könnte. In vielerlei Hinsicht mochte ich die Sprache nicht, die er benutzte. Ich fühlte mich nicht wohl dabei. Er sprach über den Körper als eine Maschine und über das Gehirn als die Software, mit der die Maschine funktionierte. Diese Vorstellung schreckte mich ab. Ich bin keine Maschine. Ich habe eine Seele. Liebe ist die große Kraft des Universums. Jeder kann sehen, welche Macht die Liebe hat, und was sie bewirken kann. Ja, Liebe erkannte er an. Aber er brachte mich auch dazu, meine Vorstellung von Liebe in Frage zu stellen und all die Bedingungen, die wir als menschliche Wesen ihr auferlegen. Er redete über den Wandel als unablässige Kraft und darüber, dass die Menschen ihr Glück auf dem Wohlgefühl aufbauen, Veränderungen zu blockieren. Wir seien sentimental gegenüber dem, was uns Freude bereitet, und wollen, dass es für immer anhält. Aber das kann es nicht. Das lässt sich nur schwer akzeptieren – dass das Universum sich weiter verändert und entwickelt und unerbittlich vorwärtsschreitet, gleichgültig gegenüber unseren Bedürfnissen und Wünschen. Gleichgültig gegenüber unseren Wünschen, ja. Aber vielleicht ist das Universum nicht gleichgültig gegenüber unseren Bedürfnissen.

Durch unsere Vorstellung von Gott wollen wir eine konstante, unveränderliche Kraft erzeugen, der wir unsere Ängste übergeben können. Ruben behauptete, dass es zwar eine göttliche Kraft gebe, dass diese sich aber stetig weiterbewegen würde, unser Universum veränderte, Bewegung und Entwicklung schuf. Zu beängstigend. Wo befindet sich denn mein Platz in diesem riesigen, sich ständig verändernden Universum? Ich möchte nur ein glückliches Leben mit so vielen Annehmlichkeiten, wie mir in diesem Kosmos zusteht. Ah, du willst ein Standbild, war seine Antwort. Etwas, das in der Zeit erstarrt ist, etwas Totes. Dann geh auf den Friedhof. Wenn wir uns den Himmel wünschen, bitten wir um Stillstand; eine Art Behaglichkeit, die für die Ewigkeit andauert. Ja, das ist es, was wir alle möchten, wie wir das Glück verstehen. Wie kann man denn glücklich sein, lautete meine Frage. Wie kann man denn Glück definieren, erwiderte er. Ein glückliches Leben sei möglich. Aber nicht zu meinen Bedingungen. Was ich wollte, war im Grunde, dass das Universum im Moment des Glücks die Zeit für immer anhielt. Das Universum aber kann und wird das nicht tun. Vieles an dieser Vorstellung erschien mir widersprüchlich. Er sprach von der Beständigkeit des Geistes, aber dieser Geist steckte in einem sich ständig verändernden Universum. Wie kann man seinen Geist ruhig halten in all dieser ständigen Bewegung? Es ist möglich, sagte er und lächelte geduldig wie ein Elternteil mit einem unwissenden Kind. Ruben hatte einen Namen als Heiler, und ich habe unzählige Patienten getroffen, deren Krebskrankheiten und Herzerkrankungen, Süchte und Depressionen durch ihn geheilt wurden. Ich fragte ihn nach der Wissenschaft dahinter. Ruben erklärte, dass unsere Körper Energiegefäße seien, die eine Reihe von Schwingungen verursachten. Einfache Wissenschaft. Er erläuterte, dass er die Informationen in diesen Schwingungen aufgreifen könne, wie ein Mobiltelefon ein Bluetooth-Signal erkennt.

Natürlich brauchte ich eine Demonstration. Wir verlangen immer Wunder, bevor wir glauben können. Ich erzählte Ruben, dass ich in der letzten Zeit abhängig von einem Benzodiazepin geworden war, das mir mein Arzt verschrieben hatte. Ich wusste, dass es qualvoll war, davon loszukommen, und potenziell gefährlich. Aber das, was mir am Anfang geholfen hatte, machte mich nun innerlich kaputt.

Ich fragte ihn, ob er mir helfen könne, ohne Probleme von diesen Tabletten loszukommen. Natürlich. Es traten tatsächlich Veränderungen in mein Leben. In der ersten Woche, die wir zusammen verbrachten, erfuhr ich die Reinigung meines Blutkreislaufs von den Benzodiazepinen – mühelos. Und das ist keine geringe Sache, wie jeder Tablettenabhängige bestätigen kann. Die Veränderungen gingen noch weiter. Ich erfuhr, dass die großen und schönen Dinge, die in meinem Leben passierten, alle Wunder waren und nicht etwa das Produkt meiner eigenen Kräfte. Und dass mein Scheitern dazu da war, mir den Respekt vor dem Wunder beizubringen und aufzuhören, mir vor dem Altar meines eigenen Genies zu huldigen. Dies ist eine weitere starke Vorstellung, an der die Menschen festhalten. Jeder erfolgreiche Amerikaner lebt von der Überzeugung, dass wir der Schöpfer unseres Glückes seien. Darüber konnte Ruben nur herzhaft lachen.

Wenn all diese wunderbaren Ereignisse Wunder waren, beruht mein Leben dann auf Zufall? Hatte ich keine Macht über mein eigenes Leben? Diese Fragen tauchten immer wieder auf. Die Antworten würde ich bekommen, versprach er, da ich der erste Leser seines neuen Buches sein würde. Wow. Seines neuen Buches? Was für eine Ehre, der erste Leser sein zu dürfen. Er erklärte mir, dass derjenige, der ihm bei diesem Buch half, natürlich auch der erste Leser sei. Sagte er mir gerade, dass ich ein Buch mit ihm schreiben würde?

Ich war verblüfft. Auch wenn ich professioneller Schriftsteller bin, so war das doch nicht mein Metier. Ich konnte meinen Widerstand nicht verhehlen. Ruben lächelte vertrauensvoll und sagte, es werde für alles gesorgt, während er einen Blick zum Himmel warf. Und so beginnt die Reise.

Eric Blakeney

Ziel dieses Buches

Jeder Mensch wünscht sich ein Leben voller Magie. Jeder Besuch in einem alternativen Buchladen, bei einem spirituellen Retreat oder Online-Guru ist ein Versuch, diese fehlende Zutat zu finden, die unsere Reise erfüllender und «magischer» macht. Wir sind auf der Suche nach diesem magischen Geheimnis, das all unsere Wünsche wahr werden lässt. Viele dieser Bücher und Lehrmeister wecken große Hoffnungen und neue Energien, aktiviert durch die Möglichkeit eines neuen und fantastischen Lebens – für eine Weile zumindest. Und dann sind wir meistens enttäuscht. Wir hören auf mit unseren spirituellen Übungen und Manifestationstechniken und reden uns ein, dass sie ohnehin wirkungslos seien. Ich nenne das 24-Stunden-Epiphanie. Jenes große Erwachen, das wir erfahren, verändert unser Leben komplett; wir begrüßen es mit großem Enthusiasmus und gehen ihm voller Eifer nach – ein paar Tage oder Stunden lang. Dann geschieht irgendetwas. Wir verlieren das Feuer, das noch ein paar Minuten zuvor vollständig von uns Besitz ergriffen hatte. Zum Teil müssen wir selbst die Schuld für dieses Scheitern übernehmen, denn oft ist es unsere eigene Mischung aus Faulheit und mangelndem Vertrauen, durch die sich unsere neu entdeckte Leidenschaft wieder verflüchtigt.

Doch oft fehlt einfach etwas. Dieses fehlende Element liegt manchmal in der Botschaft selbst, manchmal im Übermittler der Botschaft. Aber den Überbringer trifft keine Schuld. In unserer Kultur verlangen wir maximalen Gewinn bei minimaler Investition. Wir betrachten unser spirituelles Leben als Investition. Was es auf eine Art auch ist – aber keine, die den üblichen Regeln des Kapitalismus folgt. Die Seele ist kein Kapital. Sie ist ein lebendiges Wesen. All diese Lehren bieten eine einfache und unkomplizierte Lösung für unsere Probleme. Sie verkaufen uns Magie als eine Handelsware, die man bekommen kann, wenn man nur mit dem Finger schnipst. Wir brauchen nur dem Universum unsere Ziele und Wünsche mitzuteilen, und es wird den Rest erledigen. Und alle ermahnen uns, nicht aufzugeben, bevor wir Resultate sehen. Aber es ist zu schwierig, weiterzumachen, wenn man nicht sehen kann, dass sich etwas bewegt. Vielleicht bekommen wir nicht mit, was sich verändert. Wenn wir das Gebiet der Spiritualität betreten, haben wir immer diese großen, das ganze Leben verändernden Wunder im Blick. Und wenn sie nicht sofort eintreten, sind wir enttäuscht und haben das Gefühl, nichts erreichen zu können. Wir beginnen, unsere Übungen nur nachlässig zu machen, und hören am Ende ganz damit auf. Dabei sind wir kurz davor, unsere großen Träume zu verwirklichen. Hier liegt eine Wahrheit, die man uns nicht mitverkauft. Veränderung ist ein langer, schrittweiser Prozess. Ja, plötzliche Veränderungen lassen sich zwar auch erwirken, aber recht oft passieren erstaunliche Dinge, die man gar nicht sieht. Wenn man mit einer spirituellen Praxis beginnt, aktiviert man Bereiche des tieferen Bewusstseins und erschafft Frequenzen, die nicht immer augenfällig sind. Auf dieser tiefsten Ebene beginnt die eigentliche Veränderung, vor uns selbst verborgen. Deshalb heißt sie «okkult». Man kann sich antrainieren, diese Veränderungen zu sehen, und man kann sich dann sehr schnell für tiefgreifende Veränderungen in seinem Leben öffnen. Aber unbedingt ist ein offener Geist Voraussetzung. Wenn Sie eine simple Technik suchen, mit der Sie einen neuen Mercedes bekommen, haben Sie das schon mit «The Secret» und unzähligen anderen Manifestationspraktiken getan. Und Sie waren frustriert, denn jetzt sind Sie offenbar auf der Suche nach einem neuen «Secret». Gut, wenn Sie Magie wollen, können Sie sie haben. Aber es wird eine ganz andere Reise werden als die, die Ihnen der Verkäufer mit dem Etikett «sofort lieferbar» versprochen hat. Dieses Buch will es Ihnen nicht einfach machen, sondern etwas wecken, was in Ihnen schlummert. Sie werden hier angeleitet, Ihren Blick nicht durch die Beschäftigung allein mit dem großen Bild zu verzerren, sondern auch in die kleinen Details zu vertiefen, die in Ihrem Orbit gewaltige Schwingungen verursachen. Große Bilder sind einfach. Jeder möchte vielleicht gern der Herrscher über die ganze Welt sein. Aber dieser Thron steht auf unzähligen kleinen Details, auf einzelnen Berechnungen und Veränderungen, die in jeder einzelnen Sekunde stattfinden. Wir suchen nach den falschen Dingen. Wenn wir das kosmische Einkaufszentrum betreten und wollen, dass unsere Wünsche erfüllt werden, ist unser Blickfeld extrem eingeengt. Wir sind auf Vergnügungen fixiert, die uns die Illusion des Wohlstands liefern. Vielleicht wollen wir einen Mercedes, und das Universum kann uns tatsächlich dabei behilflich sein. Aber das Universum könnte uns auch bitten, einen Blick in die anderen Regale zu werfen. Vielleicht ist etwas anderes besser für uns. Wir müssen lernen, auf die größere Farbpalette zu schauen, die man uns anbietet. Das Universum hat nicht den

Wunsch, dass Sie im Überfluss leben – aber es bietet Ihnen die Möglichkeit, an seinem Überfluss teilzuhaben. Wenn wir mehr über uns selbst wissen und unseren intuitiven Prozessen vertrauen, sind wir eher bereit, die Vorstellung zu akzeptieren, dass das Universum uns vielleicht lieber einen BMW statt eines Mercedes geben möchte. Vielleicht weiß unser tieferes Bewusstsein etwas über den Gang zum Mercedes-Händler, was wir nicht wissen können. Vielleicht erwartet uns auf dem Weg dorthin ein Lastwagen, der uns überfährt. Aber wir wollen immer noch diesen blinkenden Mercedes. Und manchmal finden wir einen Weg, dies zu erzwingen. Wie oft hat sich etwas, das Sie erzwungen haben, für Sie als gut herausgestellt? Haben wir in diesem Fall versagt? Hat das Universum uns fallenlassen? Das Universum kann uns gar nicht fallenlassen. Wir betrügen uns selbst, indem wir das größere Bild nicht sehen. Wir müssen auch die anderen Regale in diesem riesigen Supermarkt betrachten, den wir mit unseren Wünschen aufgesucht haben. Wir kommen zu diesem Buch, weil etwas in unserer Seele fehlt. Wir kommen mit der Hoffnung, dass es uns die Magie verleihen wird, durch die sich unsere Wünsche erfüllen lassen. Dieses Buch wird Ihnen zeigen, wie das geht. Es leitet Sie durch die Schritte, bei denen Sie in allen Ihren anderen Versuchen gestolpert sind. Und es wird Ihnen mehr liefern, als Sie bestellt haben. Viele der spirituellen Selbsthilfebücher sind Neubelebungen der alten Kraft des Konzepts des Positiven Denkens. Positives Denken hat eine unglaubliche Kraft. Aber dort gibt es die unterschwellige (manchmal auch offene) Botschaft, dass ein großer Teil unseres eigenen Scheiterns im Grunde Selbstbehinderungen seien. Darin liegt einiges an Wahrheit, es zeigt aber nicht das vollständige Bild. Wir sind auch das Produkt von Millionen von Dingen, die jenseits unserer Kontrolle liegen: Genetik, Geburtsort, Geschlecht, Rasse, sozialer Status, Zugang zu sauberem Wasser, Gesundheitssystem und Erziehung, «höhere Gewalt», die Zeiten, in denen wir leben, unzählige Kräfte und Schwingungen, die in und außerhalb von uns existieren. All diese Schwingungen werden von jedem persönlichen Bluetooth aufgenommen und übertragen. Und wie wir diesen Strudel an Energien aufnehmen, das macht uns zu dem, was wir sind.

Es gibt zwei Arten von Wünschen, die wir manifestieren wollen – eine für die emotionale Stabilität, die uns das angenehme Gefühl vermittelt, das wir Glück nennen. Es gibt wunderbare spirituelle Übungen hierfür, die Sie hier lernen werden. Die zweite Art von Wünschen bezieht sich darauf, dass unsere Sehnsüchte erfüllt werden. Wir hören von vielen Experten, das Universum möchte, dass wir glücklich und in Fülle leben. Das ist nicht wahr. Niemand kann für die Intentionen des Universums sprechen. Was sie meinen, ist, dass es Kräfte im Universum gibt, die uns helfen, unsere Träume zu verwirklichen. Das ist wahr. Dieses Buch zeigt Ihnen, wie Sie sich beide Arten von Wünschen erfüllen können. Und vieles mehr. Schließlich lehrt das Buch Sie auch, wie Sie den größten Nutzen aus diesen merkwürdigen 33 Prozent Ihres Lebens ziehen, die Sie in einer unbewussten Phantasie-Welt zubringen, die wir Schlaf nennen – diese Zeit, in der all unsere bewussten Prozesse heruntergefahren werden, sodass das tiefere Bewusstsein seinen Zauber tun kann. Dieses Buch zeigt Ihnen, wie Sie diesen Zauber zur Wirkung bringen, und weist Ihnen den Weg zur Verwirklichung Ihrer Träume.

Wegweiser durch das Buch

Dieses Buch ist ein lebender Organismus. Es ist keine Abhandlung, sondern eine Entdeckungsreise. Es ist in drei Teile gefasst. Teil eins ist eine Untersuchung des Verhältnisses zwischen der Menschheit und dem Universum. Er befasst sich mit einigen Grundlagen der Biologie und geht dann tiefer in die menschliche Psyche und ihr komplexes Netz intrapersoneller Themen.

Teil zwei beschäftigt sich direkt mit den passenden Bedingungen zur Verwirklichung Ihrer Wünsche und der fruchtbaren Welt der Magie, die lebendig wird, wenn Sie schlafen.

Teil drei ist ein 63-tägiges Trainingsprogramm für Sie. Es bringt Sie auf den Weg zu einem Leben voller Magie. Hier tun Sie Ihre eigentliche Arbeit.

Sie mögen versucht sein, direkt zu Teil drei überzugehen und mit Ihrem nächtlichen Magie-Programm zu beginnen. Nehmen Sie sich Zeit, jedes Kapitel aufmerksam zu lesen. Sie sind alle recht kurz. Es gibt für mich keinen Grund, Sie mit vielen Worten zu quälen. Lassen Sie alles auf sich wirken.

Es gibt hier mehr, als auf den ersten Blick zu sehen ist. Jedes Kapitel baut auf dem vorangegangenen auf und ist ein Teil der gesamten Reise.

Bei einigen Kapiteln gibt es am Ende kleine Übungen. Dies

sind winzige Schrittchen, kein Teil des Programms, und sie sollen nur einmal gemacht und nicht wiederholt werden. Ich wünsche Ihnen viel Spaß dabei.

TEIL EINS

Das Universum und Sie

Was sind wir?

Vielleicht sind Sie reicher, als Sie denken.

Was sind die Bestandteile, die ein menschliches Wesen ausmachen? Wir haben ein biologisches Konstrukt, den Körper, bestehend aus genetischem Material und Wasser. Wir haben Gehirn-/geistige Aktivität und ein Wissen von dieser Aktivität, das wir Bewusstsein nennen.

Auf der biologischen Ebene bestehen wir aus ungefähr 75 Billionen Zellen. Jede einzelne dieser Zellen ist ein Universum an Informationen. Jede Zelle trägt die gesamte Geschichte Ihrer genetischen Kette in sich. Die Zellen verbinden und verändern sich, und enthalten doch alle ihre ursprünglichen Daten, in einer neuen Mutation: Das sind Sie.

Was ist der erste Moment des Lebens? Wenn sich das Sperma mit der Eizelle vereinigt? Tritt in diesem Moment die Seele ein? Beginnt unser Leben, sobald wir uns unseres Selbst bewusst sind? Tatsächlich braucht ein Baby etliche Monate, bevor es dieses Bewusstsein von sich selbst erlangt. Und ein Baby hat mit Sicherheit ein Leben. Zelle oder Seele? Haben wir vom ersten Moment an eine Seele? Und ist das überhaupt von Bedeutung?

Wenn wir geboren werden, sind wir nicht von Grund auf neu. Jeder von uns ist eine neue Kombination in einer genetischen Kette. Eine Zelle des Mannes verbindet sich mit einer Zelle der Frau, um eine neue Zelle zu bilden. Ihre Mutter und Ihr Vater haben die ganze Geschichte ihrer Eltern und Großeltern bis zu grauer Vorzeit in sich getragen. Jedes Kind ist eine neue Variation dieser genetischen Information, einschließlich aller Daten der gesamten Kette. Alle diese genetischen Informationen sind daran beteiligt, das entstehen zu lassen, was wir sind. Auf diese Weise sind wir Tausende und Abertausende von Jahren alt.

Das ist unser Reichtum. Wir sind durchdrungen von den Fähigkeiten und der Geschichte von Tausenden von Leben vor uns. So profitiert jeder Mensch von dem gesamten Bewusstsein, das sich bereits vor ihm entwickelt hat.

Wir tragen körperliche und sogar emotionale Züge unserer Vorfahren. Und reagieren auf Situationen auf eine Art und Weise, die sich vielleicht in viel früherer Zeit herausgebildet hat. Wenn Ihnen jemand sagt, Sie hätten das gleiche Naturell wie Ihr Vater, ist dies mehr als ein Hinweis auf erlerntes Verhalten. Oder ein Verwandter sagt vielleicht: «Wo kommt bloß diese schreckliche Launenhaftigkeit her?» Sie haben vielleicht das gleiche Temperament wie Ihre Ururgroßmutter. Wenn man Ihnen sagt, Sie hätten Depressionen genau wie Ihre Tante, könnte dies ein Merkmal sein, das sich durch Ihre genetische Reihe bis hin zu Ihren frühesten Vorfahren zieht. Emotionale Eigenschaften sind in der genetischen Reihe genauso lebendig wie körperliche.

Das genetische Gedächtnis wird auf immer tieferen Ebenen erkannt und erforscht. Irgendwann werden wir den Grad des Bewusstseins verstehen, der in unserer DNA enthalten ist. Für jetzt lassen Sie uns ganz einfach nur offen sein für die Möglichkeit, dass sich dieses zurückverfolgen lässt.

Obwohl wir mit genetischen Informationen aus Tausenden von Jahren auf die Welt kommen, geht der Evolutionsprozess immer weiter. Der Sinn der Existenz liegt in der Entwicklung, der Veränderung. Dazu sind wir biologisch ausgestattet – um unsere sich ständig verändernde Welt zu erkennen und uns ihr anzupassen.

Unserem biologischen Apparat stehen elementare Überlebenswerkzeuge zur Verfügung: die fünf Sinne. Das ist die Standardausstattung, keine Extras.

Warum fünf Sinne? Unsere Sinne sind Tore. Die Sinne sind dazu da, uns vor jedem möglichen Eindringling zu schützen und alles und jeden willkommen zu heißen, was von Nutzen sein könnte. Unsere Sinne sind in verschiedenen Radien angeordnet, die uns von der Makro- zur Mikroebene führen, vom Äußeren zum Inneren.

Unseren ersten Radius bildet das Sehvermögen. Dieser Sinn hat die größte Reichweite. Mit unseren Augen können wir den Horizont nach Informationen absuchen. Unsere Augen können tatsächlich Sterne sehen, die Lichtjahre entfernt sind. Das ist eine weite Verteidigungslinie – unser weitestes Umfeld.

Dann kommt unser Gehör, und auch das ist weitreichend. Unsere Ohren können eine Reihe von Geräuschen zwar nicht Lichtjahre, aber sicherlich Meilen entfernt wahrnehmen: einen fernen Schrei, einen Donnerschlag. Unsere Ohren registrieren und verfolgen die Information. Das ist unsere nächste Verteidigungslinie.

Dann kommt unser Geruchssinn. Der Mensch kann Gerüche aus einer recht guten Entfernung ausmachen. Wenn auch nicht so entwickelt wie bei unseren tierischen Verwandten im Wald, ist dieser Sinn doch ausgeprägt. Wenn ein Löwe in der Nähe ist, können wir ihn riechen – hoffentlich nicht zu spät. Wenn irgendwo ein Kuchen gebacken wird, führt uns unsere Nase direkt dorthin.

Nun zum Tastsinn: Damit sind wir direkt bei uns selbst. Es gibt sehr wenig, was uns und das Objekt voneinander trennt. Wir können die Konturen und die Konsistenz empfinden, und unser Gehirn wird genau auf diese Reize reagieren.

Geschmack: Dies ist der intimste unserer Sinne – bei dem es darum geht, tatsächlich ein Objekt in den Körper aufzunehmen, das von allen anderen Sinnen gefiltert wurde. Und wenn uns unsere Geschmackszellen sagen, das Objekt ist nicht in Ordnung, können wir es ausspucken. Wenn es uns schmeckt, essen wir zu viel davon.

Dies sind die Mittel, mit denen wir Informationen aufnehmen können.

Emotionen sind Reaktionen auf die Information.

Wir beginnen nicht bei den Bakterien, sondern bei der intelligenten Schöpfung. Die Quelle, die einige von uns Gott nennen, hat uns Bewusstsein aus sich selbst gegeben. Dieser Genieblitz steckt in jedem von uns. Und wir sind ständig dabei, dieses Genie zu verfeinern.

Das menschliche Bewusstsein hat die Fähigkeit, sich selbst etwas beizubringen. Wir sind Schöpfer im Prozess unserer eigenen Evolution. Auf diese Weise sind wir Götter in unserem eigenen Universum; Götter, die sich weiterentwickeln, die lernen und wachsen und in Wechselwirkung mit einem unablässigen Strom einfallender Informationen agieren.

Wie die einzelnen Zellen in unserem eigenen Organismus sind wir alle ein winziger Teil des Organismus Erde, dieser wiederum ist ein kleiner Teil des Organismus unseres Sonnensystems, das einen unendlich kleinen Fleck in dem riesigen lebenden Organismus darstellt, den wir das Universum nennen.

Alle Bewegungen in unserem Universum – von der intergalaktischen bis hin zur mikroskopisch kleinen – erschaffen Energie. Diese Energie erzeugt Schwingungen, die, nicht sichtbar für uns, sich unendlich fortsetzen.

Die Erde erschafft und akkumuliert ebenfalls ihre eigene Energie. All diese Energie wird in unserer Atmosphäre gesammelt: Dämpfe, Elektrizität, Donner, Blitz, sie alle sind in dieser Schicht unserer Atmosphäre lebendig, ebenso wie Schwingungen. Die Schwingungen unserer gesamten Medien-Übertragungen wie auch die Schwingungen, die unsere Gehirntätigkeit aussendet, sammeln sich in der Schicht unserer Atmosphäre, die man Infosphäre nennt. Unendlich viele Gedanken/Schwingungen kommen in der Infosphäre zusammen. Wir sind ständig dabei, diese Daten aus dem Äther up- und downzuloaden und dabei unser Bewusstsein zu erweitern. All diese Informationen sind Teil unserer unaufhörlichen körperlichen sowie geistigen Mutation.

Stellen Sie sich Ihren Körper als einen großen biologischen Apparat vor und Ihr Gehirn als die Software, die das Programm betreibt. Die Schwingungen, die uns umgeben, können angezapft werden wie bei einer Bluetooth-Verbindung.

Sie tragen das Bewusstsein und die Erinnerungen früherer Zeiten direkt in Ihren Zellen. Das gesamte genetische Gedächtnis und die Magie der Seele sind für jeden von uns zugänglich. Wir müssen nur die Fertigkeiten entwickeln, um dieses Gold abzubauen. Vielleicht sind Sie reicher, als Sie denken. Nun können wir uns vorstellen, was wir sind. Der nächste Schritt besteht darin zu entdecken, wer wir sind.

Wer sind wir? – Selbst-Bewusstheit

Wer bin ich? Bin ich der Mensch, der ich zu sein glaube? Bin ich ein guter Mensch oder belüge ich mich selbst? Wie kann ich das wissen? Wir werden wohl alle von diesen Fragen gequält. Wir stellen sie von dem Moment an, in dem wir uns unserer selbst bewusst werden. Wir versuchen zu verstehen, was wir als Menschen sind. Aber wir nutzen dabei ein sehr enges Konzept von persönlicher Identität. Die Gesellschaft verlangt von uns eine Identität, die mühelos eingeordnet werden kann. Er ist Akademiker, sie ist ein Wildfang, er ist ein Dummkopf, sie eine Führungskraft. Wir fühlen uns unehrlich bzw. betrogen, wenn diese Fassade nicht klar zu erkennen ist. Aber wir haben tatsächlich viele verschiedene Selbste. Wir haben das Selbst, das wir der Welt präsentieren. Wir haben das Selbst, das die Welt wahrnimmt. Wir haben das Selbst, von dem wir glauben, dass wir es im Innern sind – und das Selbst, das wir tatsächlich im Innern sind.

Sind diese vielen verschiedenartigen Formen des Selbst eine Täuschung? Ist überhaupt eine davon echt? Und ist das wichtig? Vielleicht sind gerade diese vielen Aspekte Ihres Selbst Ihr persönlicher Reichtum. Statt sich auf eine Identität einengen zu lassen, sollten Sie sich vielleicht weiter ausdehnen. Die Angst, unsere persönliche Identität zu verlieren, beschränkt die Entfaltung des Selbst. Warum beschränken wir uns so? Wenn wir eine andere Sprache lernen, verlieren wir doch auch nicht unser Gefühl der Identität, sondern erfahren eine Bereicherung unseres Lebens. Und doch, wenn man über sich hinauswächst, um andere kulturelle Dimensionen in sein Leben zu integrieren, wird man oft als unaufrichtig behandelt. Man könnte sogar denken, man sei ein Betrüger. Warum wird Beschränkung als authentisch betrachtet? Was, wenn Sie ein Vogel und ein Fisch sind? Sind Sie dann unecht? Müssen Sie überhaupt dazu Stellung nehmen, was Sie sind? Vielleicht sind Sie jemand, der sich aussuchen kann, ob er fliegt oder schwimmt. Das ist eine Bereicherung.

Wir sind darum bemüht, unsere Identität nicht auf unseren Fähigkeiten aufzubauen, sondern darauf, wie diese Identität in der Gesellschaft gespiegelt wird. Die Gesellschaft versucht immer, Identität einzuengen. Es ist einfacher für den riesigen Organismus, mit seinen Bestandteilen (den Menschen) umzugehen, wenn sie klar und einfach zu kategorisieren sind. Dieser Konflikt zwischen dem Selbst und der Gesellschaft ist ein unaufhörlicher Kampf, der so lange weitergeht, bis eine Seite nachgibt. Und die Gesellschaft tut das nie. Dann fügen wir die moralische Schicht hinzu, als ob wir uns wirklich mit dieser Eigenschaft identifizieren könnten. Jeder Einzelne glaubt, er sei ein guter Mensch. Doch die Welt ist voll von destruktiven Menschen. Wie ist es dazu gekommen? Wie viele von Ihren persönlichen Eigenschaften sind wirklich Ihre? Ich kann gut singen. Alle lieben meine Stimme. Also fliege ich in einen anderen Teil der Welt und singe. Und die Einheimischen dort hören meine Stimme und bitten mich: «Bitte hör auf zu singen. Das macht uns fertig.» Wenn man das nur oft genug zu hören bekommt, beginnt man zu zweifeln. Ist man als Sänger nun gut oder einfach grauenvoll? Wenn uns die Daten, die uns die Gesellschaft spiegelt, nicht passend erscheinen, beginnen wir an uns selbst zu zweifeln. War die Identität nicht echt? Ist man nun ein guter Sänger oder ein schrecklicher? Unsere Identität ist so zerbrechlich, dass wir uns manchmal völlig der Meinung von anderen unterwerfen. Die Gesellschaft beschränkt unser Wachstum. Das kollektive Bewusstsein setzt uns Grenzen. Es geht hierbei nicht um das kollektive Unbewusste wie bei Carl Jung – das ist etwas völlig anderes.

Die Sklaverei der Identität entsteht aus einer Weigerung, uns mit uns selbst zu konfrontieren. Deshalb müssen wir uns auf die Entdeckungsreise zu unserem Ich begeben.

Wie können wir wissen, wer wir wirklich sind? Wo sollen wir anfangen? Welches sind die ersten Schritte in Richtung Selbsterkenntnis? Wie finden wir die Balance zwischen Aufrichtigkeit und Selbst-Verurteilung? Wie begegnen wir uns selbst mit Ehrlichkeit, ohne das zu zerstören, was wir sind?

Sind die Veränderungen, die wir durchmachen müssen, so groß, dass am Ende von dem, was wir das Selbst nennen, nichts übrig sein wird? Man spricht von Selbsterkenntnis immer als einem Teil des Wachstumsprozesses. Hat das wirklich eine Aussagekraft? Wenn wir uns von allen unseren Selbsttäuschungen freimachen und nur noch auf das Rohmaterial blicken, aus dem unser Selbst besteht, können wir dann mit dem leben, was wir vorfinden? Können wir wirklich konsequent sein in diesem Häutungsprozess, den wir Aufrichtigkeit nennen? Die meisten von uns gelangen bei diesem Prozess zu völlig falschen Schlussfolgerungen. Wir werden uns entweder mehr in der Plus-Spalte zugestehen, als wir verdienen, oder mehr auf die negative Seite stellen, als wir sollten. Wie profitieren wir also wirklich von diesem Prozess, der angeblich nützlich für uns ist? Ein großer Teil unserer Selbstbeurteilung wird von unseren Bedürfnissen und Wünschen bestimmt – und davon, wie uns die Gesellschaft wahrnimmt. Bevor wir uns angesehen haben, was unser eigentliches Wesen ausmacht, kann sich Selbsterkenntnis nicht auf unsere Plus- und Minus-Seiten gründen.

Zuerst einmal lösen Sie sich von Ihrer Position in der Gesellschaft. Sie sind Sie selbst, auch ohne das, was die anderen über Sie denken. Sehen Sie sich Ihre Bedürfnisse an. Beginnen Sie mit dem Fundamentalen: Essen, Wasser, Schutz. Werden sie erfüllt? Gut. Die Grundbedürfnisse sind abgedeckt. Wenn sie es nicht sind, ist die Selbstanalyse ein Luxus, den Sie sich im Moment nicht leisten können. Und nun – was sind Ihre emotionalen Bedürfnisse? Untersuchen Sie dies genau. Ich brauche Liebe. Ich brauche Respekt. Ich brauche eine Position in der Gesellschaft. Ich brauche Freundschaft. Was auch immer es ist, fragen Sie sich nicht nur, ob Sie es brauchen, sondern auch, wie viel davon Sie tatsächlich benötigen. Welche Menge verleiht Ihnen die Gesundheit und Stabilität, durch die in Ihrem Innern ein ausgeglichener Zustand erzeugt wird? Wir brauchen Wasser, aber wenn wir fünf Liter auf einmal davon trinken, bringt es uns um. Die Emotionen, die wir mit unseren Bedürfnissen verbinden, erzeugen das Ungleichgewicht in unserem Bemühen, diese Bedürfnisse zu erfüllen. Wir leben in der Gemeinschaft mit anderen, und unsere Sicherheit hängt von unserer Position in der Gesellschaft ab. Und ob wir es wollen oder nicht, hängt auch ein gewisser Anteil unserer Sicherheit von unserer Position ab. Bemühen wir uns um die Position, die wir brauchen? Haben wir eine feste Identität geschaffen, um uns in Harmonie mit unserer Umgebung zu fühlen, oder sind wir darauf angewiesen, dass uns die

Welt als eine Art Majestät betrachtet? Ist der Hunger so groß und unangemessen, dass wir nach Status verlangen wie ein Vielfraß nach Essen am kalten Buffet? Das ist der Hunger nach Macht. Und Macht ist die stärkste Droge, die uns als Nahrung zur Verfügung steht. Macht über sich selbst macht stark. Das Bedürfnis nach Macht über andere ist eine Sucht, die nicht gesättigt werden kann.

Wir brauchen Liebe, diese größte und heiligste der Emotionen. Aber wer von uns weiß, welches die richtige Menge Liebe für unser Leben ist? Oh, man kann doch nicht genug Liebe haben. Wirklich? Sagen Sie das mal dem Kind, das von der Liebe seiner Eltern erstickt wird. Liebe ist die Kehrseite der Macht. Der harmlose Cocktail, der einen jedoch abhängig macht, wenn man ihn trinkt. Ja, Liebe ist etwas Schönes. Aber eine ehrliche Einschätzung, wie viel davon Sie benötigen, kann Ihnen und dem Objekt Ihrer Liebe sehr von Nutzen sein. Ein Bedürfnis entsteht, wenn es nicht genug gibt. Wenn wir genug haben und immer mehr wollen, ist aus diesem Bedürfnis ein Verlangen geworden. Nachdem wir genug bekommen haben, um unsere Bedürfnisse zu befriedigen, bleibt der Hunger. Wir haben ein Verlangen und können es nicht stillen. Dies ist der Punkt, an dem ein Zweifel angebracht ist. Wir können den Zweifel nutzen, um uns selbst zu analysieren. Ein gewisses Maß an Zweifeln kann uns helfen, ehrlich gegenüber uns selbst zu bleiben. Aber wie es bei zu viel Wasser der Fall ist, wird uns auch zu viel Zweifel zerstören. Wenn Sie einen Zweifel verspüren, nutzen Sie diesen nur in sehr geringen Dosen. Es gibt noch eine weitere Komponente, die uns zu dem macht, der oder die wir sind. Es ist die Phantasie, die all unsere Glaubenssätze, Gedanken, Ansichten und Wünsche beinhaltet; eine Phantasie, die alle unsere Handlungen und

Gedanken umfasst. Man nennt sie Überzeugung. Und wir sterben für unsere Überzeugung.

Warum also ist Selbsterkenntnis so wichtig? Sagen wir, Sie haben bei sich selbst eine gründliche Inventur gemacht und entdeckt, dass Sie im Grunde ein Stück Scheiße sind. Okay, nun können Sie sich in die Welt begeben mit einer klaren Vorstellung von sich selbst als Fäkalie. Sie wissen genau, in welchem Rinnstein Sie liegen sollten. Es sieht so aus, als ob Sie mit Ihrer Selbsttäuschung besser dran gewesen wären. Wir brauchen Selbsterkenntnis für unser Wachstum. Ansonsten ist es nur Selbstzerfleischung. Selbsterkenntnis ermöglicht uns auch ein Verständnis für die Eigenschaften, die unser Leben wirklich bereichern können. Wir stellen uns diese höheren Eigenschaften als moralische Positionen vor, die wir anstreben sollten. Moral ist ein gesellschaftliches Konstrukt. Es geht hier um kulturelle Überzeugungen, die dazu bestimmt sind, gut für die Allgemeinheit zu sein. Manche von ihnen sind es auch – andere nicht. Wesentliche moralische Eigenschaften sind Vergebung, Dankbarkeit und die Bereitschaft zum Geben. Standards, die, könnten wir nach ihnen leben, uns zu Heiligen machen würden.

Dankbarkeit: Dankbarkeit ist kein natürliches Gefühl wie Liebe. Es ist eine erlernte Moral. Geben Sie einem Kind ein Spielzeug und es wird keine Dankbarkeit empfinden. Es ist glücklich. Später wird ihm beigebracht, danke zu sagen. Am Ende wird sich in seinem Innern vielleicht ein Zustand der Dankbarkeit einstellen. Einige von uns machen eine Dankbarkeits-Show, die sie nicht empfinden. Für andere wird sie zur zweiten Natur. Die Dankbarkeit ist nicht mehr eine antrainierte Reaktion. Sie ist jetzt fest verankert. Wir fühlen sie in unserem Innern. Sie ist kein Gefühl, sondern sie löst gefühlsmäßige Reaktionen aus. Dankbarkeit ist eine innere Haltung. Man hat sie, oder man hat sie nicht. Wenn Sie sie nicht haben, kümmern Sie sich darum, sie zu erlangen.

Vergebung: Wir denken an sie in moralischen Kategorien – dass wir lernen müssen, anderen ihre Sünden zu vergeben. Man kann sie aber noch auf eine andere Art betrachten: Man vergibt sich selbst genauso viel wie der anderen Person. Vergebung gibt einem die Möglichkeit, weiterzugehen. Man wird eine Infektion los, reinigt sich von einem Schmerz, der einen nur belastet. Und man befreit das Objekt seiner Vergebung von seiner Last, sodass es ebenfalls weitergehen kann.

Geben: Geben Sie einfach ohne Bedingungen. Erwarten Sie nie, etwas zurückzubekommen. Diese Erwartung verdirbt den Akt des Gebens. Die Götter sind freigebig. Seien Sie freigebig und machen Sie es wie die Götter. Belasten Sie sich nicht mit dem Abwägen, ob Sie auch einen angemessenen Ausgleich für Ihre Großzügigkeit erhalten haben. Wenn Sie eine Gegenleistung erwarten, ist es keine Großzügigkeit. Es ist eine Show. Man wartet auf Applaus – und wenn man keinen bekommt, versucht man, die Show zu verbessern. Wenn man sich aber entschließt, wahrhaft großzügig zu sein und zu geben, macht man es wie die Götter.

Und nun nehmen Sie sich einen Moment und denken Sie über das größte der göttlichen Wunder nach, das wir Tag für Tag übersehen. Jeder einzelne von uns hält dieses großartigste aller Wunder irgendwann einmal für selbstverständlich: das Leben. 75 Billionen Zellen kamen zusammen und bildeten ein Bewusstseinsbündel, nämlich Sie. Unter zweihundert Milliarden Galaxien und einer Million Billionen Sterne und Sonnensysteme war diese Ansammlung von Zellen vom Universum gesegnet, sodass Sie entstehen konnten. Genau dieses Wunder verdient Ihre Dankbarkeit. Beginnen Sie jeden Tag mit Dankbarkeit für das Geschenk des Lebens, egal in welchen Verhältnissen Sie leben.

Manchmal tut Wachstum weh

Wir hätten alle gern eine völlig neue Methode zum Umgang mit Magie, die uns das Glück ohne jeden Kampf oder Anstrengungen beschert. Leider ist das unmöglich. Es braucht Arbeit. Und Arbeit bedeutet Anstrengung. Jeder Selbsthilfe-Guru, der Ihnen verspricht, dass die all-liebende, universelle göttliche Macht will, dass Sie glücklich sind und keine Mühe haben, ist ein Schwindler und appelliert an Ihre grundlegende Faulheit. Wir wollen Magie – mit minimaler Anstrengung. Das Universum kann und wird auch mit Ihnen arbeiten, um Ihre Wünsche wahr werden zu lassen. Aber es ist kein Weihnachtsmann, der Ihnen keine Mühe bereitet und nur auf Ihre Einkaufsliste irdischer Vergnügungen wartet.

Magie erfordert Arbeit. Sie können heute damit beginnen und sofort ein Ergebnis sehen. Aber wenn Sie sehen wollen, wie ernstzunehmende Magie in Ihr Leben einzieht, müssen Sie Ihre Arbeit tun. Und immer weitermachen. Es ist bequem, Sie zu belügen und Ihnen zu erzählen, wie einfach es wäre. Füllen Sie nur Ihre Wunschliste aus und übergeben Sie sie dem Weihnachtsmann! Aber so läuft es nicht.

Ein Leben voller Magie ist ein Leben voll wirklicher Macht. Nicht die Art von Macht, die jemand über andere ausübt, sondern Macht über das eigene Selbst; die Macht, in Harmonie mit den Kräften in Ihrem Innern und damit auch mit denen in der Außenwelt zu arbeiten. Aber wir müssen bereit sein, die geistige Arbeit hierfür zu leisten. Und Arbeit ist Schmerz. Alle Verfahren, die uns erstaunliche Resultate bei minimaler Anstrengung versprechen, appellieren an unsere Abneigung gegen Unangenehmes. Unangenehmes ist eine Form von Schmerz. Arbeit zu tun, die unseren Vergnügungssinn nicht stimuliert, wird als Anstrengung empfunden. Langeweile ist eine Qual.

Wenn es um Schmerzen geht, geht es auch um ein Element vor dem eigentlichen Schmerz: Angst. Angst vor dem Schmerz. Bevor der Schmerz einsetzt, fürchten wir ihn. Wir stellen ihn uns vor. Wir leben in Angst vor Schmerzen und wissen nicht einmal, wie wir diesen notwendigen Wachstumsschritt einordnen können. Die alten Griechen und Römer versammelten sich auf den Plätzen und in Amphitheatern, um sich tragische Stücke anzusehen. Dieses gemeinsame Ansehen des großen Schmerzes der Figuren bereicherte ihr Leben. Einige Werke der großen Literatur ziehen uns in unglaublich schmerzvolle Situationen hinein, die wir durchleben und in der Tiefe unserer Seele mitempfinden. Ein vollkommenes Musikstück kann uns zu Tränen rühren, und jede dieser Tränen ist wichtig für das Wachstum der Seele. Schmerz ist Teil der Schönheit des Lebens. Er bereichert uns. Wenn wir von Glück überwältigt werden, weinen wir Tränen der Freude. In der Sonne zu liegen, ist im Grunde ein Schmerz, den viele von uns genießen. Wir bekommen dabei einen Sonnenbrand, aber es fühlt sich gut an. Der Muskelkater nach einem harten Training ist schmerzhaft, aber unglaublich lohnend. Wir genießen diesen Schmerz. Durch ihn fühlen wir uns lebendig. Eine Massage kann eine Folter sein. Und wir lieben sie.

Überdenken Sie Ihre Beziehung zum Schmerz. Schmerz ist ein entscheidender Bestandteil des Wachstums. Schmerz ist ein Messinstrument. Er ist der Anzeiger für Veränderungen. Er ist das Signal, dass Prozesse stattfinden. Manchmal muss man diesem Schmerz erlauben, aktiv zu sein. Haben Sie keine Angst vor ein bisschen harter Arbeit. Durch diese Anstrengungen werden Sie stärker. Geben Sie Ihrer Seele Gelegenheit, durch Schmerzen zu wachsen. Das Immunsystem wird durch Viren gestärkt: Wir werden krank, und bei dem Prozess, diese Viren zu bekämpfen, werden Antikörper gebildet. Niemand möchte gern krank werden – Krankheit bedeutet Schmerzen. Doch nach jedem Anfall von Krankheit wird unser Immunsystem durch neue Antikörper gestärkt, die die nächste Attacke abwehren können.

Wir müssen lernen, zwischen Schmerzen, die unser Wachstum befördern, und Schmerzen, die uns Schaden zufügen, zu unterscheiden. Schmerzen, die uns schaden, warnen uns davor, zu fliehen. Doch man hat keinen Vorteil davon, wenn man in diesem Zustand verharrt. Wachstumsschmerzen dagegen sind ein aufbauender Prozess. Und am wichtigsten: Wir müssen unbedingt den Unterschied zwischen Schmerz und Leid verstehen.

Schmerz ist ein notwendiger Bestandteil des Lebens. Leiden ist der falsche Umgang mit Schmerz. Es hebt den Schmerzpegel und verlängert ihn über seine natürliche Zeitspanne hinaus. Wenn man einen Schmerz immer wieder in Gedanken durchgeht – durch obsessives Nachdenken – ist dies Leiden. Und dieses Leiden ist unnötig, es wird durch Schmerz-Missmanagement verursacht. Leiden ist im Grunde eine Art des Denkens – zu vielen Denkens. Und wenn wir diesen Prozess des Grübelns über unseren Schmerz wiederholen, bis er zu einer leidvollen Gewohnheit wird, schaffen wir uns eine neue Sucht. Leiden ist eine Sucht. Die Arbeit zu tun, die uns bereichert, ist eine Übung in der Überwindung der hartnäckigsten unserer Schmerzen – der Langeweile. Fragen Sie ein Kind mit ADS, das sein Mathematik-Buch zu lesen versucht, ob es Schmerz empfindet, und hören Sie sich an, was es wohl sagen wird.

Es ist langweilig, die Grundlagen jeder neuen Übung durchzugehen. Aber es führt kein Weg daran vorbei. Wie wir die Schmerzen in unserem Leben nutzen, ist eine Frage des Charakters. Schmerz ist ein normaler Bestandteil des Lebens. Die Frage ist, ob wir daraus lernen und daran wachsen oder ihm ausgeliefert sind und uns als Opfer fühlen. Die Opferhaltung ist eine negative Reaktionsschleife, die sich immer weiter fortsetzt und aus der es immer schwieriger wird herauszukommen. Schmerzen tun weh.

Überdenken Sie Ihre Beziehung zum Schmerz. Das Wachstum Ihrer Antikörper macht Sie stärker und versetzt Sie in die Lage, künftige Angriffe abzuwehren. Verfluchen Sie Ihre Schmerzen nicht. Nutzen Sie sie, um zu wachsen. Der Fluch liegt im obsessiven Denken, das diese Schmerzen immer wieder durchspielt und sie zu unendlichem Leid anwachsen lässt, einer Opferhaltung.

Denken Sie an ein Leben voller Magie genauso, wie Sie an ein Training für Ihre körperliche Gesundheit denken. Man baut seinen Körper nicht auf, wie man ein Haus aufbaut; dann wäre man irgendwann fertig. Wenn man einen kraftvollen, fitten Körper will, weiß man, dass dies einc lebenslange Aufgabe ist. Schmerzhaft, aber erfüllend.

Wenn Sie ein Leben voller Magie wählen, koordinieren Sie dies mit ihrem täglichen Trainingsprogramm. Das nächste

Mal, wenn Sie Schmerzen haben, fragen Sie sich, ob Sie wirklich Schaden nehmen oder ob Sie im Grunde wachsen. Wenn Sie wachsen, gratulieren Sie sich. Nur der Tod beendet den Schmerz. Wählen Sie das Leben.

Das Meer der Emotionen

Emotionen: aufsteigende Wellen, die wir häufig nicht steuern können. Haben sie irgendeinen Zweck? Überlebensnotwendig sind sie jedenfalls nicht. Tiere kommen ganz gut ohne unser komplexes Gebilde emotionaler Verstrickungen zurecht. Welchem Zweck können sie tatsächlich dienen? Wir wissen, wie sie sich anfühlen, aber wissen wir, was sie wirklich sind? Wir scheinen ihre Sklaven zu sein. So viele starke Gefühle, die uns schnell überwältigen und belasten, oft mit vernichtenden Folgen. Ja, die Momente des Vergnügens bringen uns das Gefühl des Glücks. Aber selbst die angenehmen Gefühle können zur Sucht werden, und wir fragen uns, ob sie wirklich von Wert sind.

Die Seelenqualen einer gescheiterten Liebe lassen uns häufig schwören, niemals wieder zu lieben – das wäre zu schmerzhaft. Das selten zutreffende, aber oft empfundene Gefühl des Verrats kann uns dazu bewegen, den Schwur zu leisten, dass wir niemals wieder Freundschaften schließen wollen. Man kann ihnen nicht vertrauen.

Wie viele Male sind wir schon in eine Situation hineingegangen und wussten, was zu erwarten war, und wussten auch, dass wir unsere Emotionen im Griff haben sollten – nur um zu erleben, dass irgendein Wort, ein Blick oder etwas Unvorhergesehenes sofort unsere Rüstung aufbrach und uns in das aufgewühlte Meer der Angst warf?

Wie oft ziehen wir es vor, gar nichts zu fühlen? Wenn wir leiden, fragen wir, warum dieser starke Schmerz wohl nötig ist. Welchen Zweck hat er? Sicher ist dieser Schmerzpegel auf einem tierischen Überlebensniveau nicht notwendig. Warum gibt es diese intensiven Gefühle? Warum müssen wir die ganze Palette der Emotionen so viel stärker erleiden als andere Lebewesen?

Unsere Emotionen können uns übermannen und in unserem Leben Verwüstungen anrichten, schnell wie ein Sturm. Wir paddeln tatsächlich in einem winzigen Boot auf einem gewaltigen Meer der Emotionen. Wie wird man zum Kapitän dieses Schiffes? Zuerst müssen wir die Funktion der Emotionen verstehen. Emotionen sind Schwingungen im Körper und erzeugen eine enorme Menge an Energie. Emotionen sind eine Art Treibstoff – und gleichzeitig die Tankanzeige. Wir nutzen diese Anzeige, um unseren Platz im Kosmos zu bestimmen.

Unsere Gefühle helfen uns, zu bestimmen, wo wir gerade sein sollten. Wenn wir eine stark negative Reaktion auf eine Situation haben, die wir als bedrohlich empfinden, drängt uns unser Gefühlstandsmesser wegzulaufen. Etwas, das angenehme Schwingungen in uns stimuliert, erzeugt eine positive emotionale Reaktion. Jede Erfahrung vibriert in einer anderen Schwingung. Diese Schwingungen betreffen verschiedene Drüsen im Körper und erzeugen die angemessene emotionale Reaktion.

Wir wollen einmal das klassische Szenario bemühen, in dem der Mensch einen Löwen sieht und Angst bekommt. Angst durchströmt den Körper, unsere Muskeln füllen sich mit Blut und wir laufen weg.

Nachdem die Bedrohung vorbei ist, sollte alles wieder in den Normalzustand zurückgehen. Das ist die natürliche Reaktion. Aber für die meisten von uns beginnt ein unnatürlicher Prozess. Dies rührt von unserer (angeblich) rationalen Denkweise her, und wir beginnen mit einem fatalen Prozess, den wir Denken nennen. Er führt dazu, dass wir die Gedanken hochfahren, was wiederum zur Folge hat, dass wir das Ereignis immer wieder durchspielen. Im Grunde haben wir schon begonnen, uns die Konsequenzen auszumalen. Wir zwingen unseren Körper Adrenalin freizusetzen, was am Ende unser System erschöpft und zu Krankheit führt.

Das ist Missmanagement.

Unsere Emotionen kann man leicht betrügen. Und sie werden leicht zur Sucht. Es ist genauso leicht, süchtig nach negativen Emotionen zu werden wie nach positiven. Wir sind erstaunliche Magier bei der Reproduktion negativer Erfahrungen.

Stellen Sie sich vor, Sie könnten mit der gleichen Antriebskraft positive Kräfte einsetzen. Emotionen sind ein starker Faktor in der Magie. Sie verstärken Signale des Gehirns. Wenn unsere Emotionen in Harmonie mit diesen Signalen arbeiten, können wir fast jeden gewünschten Effekt erzielen. Wenn dagegen unsere Emotionen im Konflikt mit unseren Wünschen sind, verstärken wir Konflikte und erzeugen eine selbstzerstörerische Form der Magie.

Auch die Atmosphäre reagiert auf diese Signale und verstärkt sie. Wenn wir im Konflikt mit uns selbst sind, nehmen andere dies auf der unbewussten Ebene wahr. Sie können es spüren. Unsere Emotionen können auch andere anstecken. Sie färben unsere Sicht auf alle Informationen. Emotionen erschaffen neue Realitäten.

Die verstärkte Emotion führt zu verschiedenen Interpretationen zwischen den Menschen, die von diesen Emotionen betroffen sind, und das führt zu Missverständnissen.

Fast alles, was in Ihrem Leben schief geht, ist das Ergebnis von Missverständnissen.

Emotionen können Probleme schaffen, die gar nicht existieren. Zwei Menschen lieben sich zum Beispiel aufrichtig. Sie möchten praktisch immer das Gleiche: zusammen glücklich sein, ein Zuhause voller Geborgenheit, gute Freunde, eine Familie. Sie haben viele gleiche Vorlieben. Die Unstimmigkeiten zwischen ihnen sind relativ gering. Und doch streiten sie häufig und verletzen die Gefühle des anderen weit mehr, als bei einer so starken Liebe möglich sein sollte. Warum? Missverständnisse. Jemand hat ein Zeichen falsch gedeutet, seine Gefühle waren verletzt, und der Kummer begann. Vollkommen vermeidbar. Aber jene Gefühle haben die Realität verzerrt und ein Problem geschaffen, wo gar keins bestand. Und dann folgt tatsächlich ein Problem.

Kollegen, die bei der Arbeit Probleme miteinander haben, erzeugen normalerweise emotionale Reaktionen ohne die notwendige Information über den anderen. Wir fühlen uns missachtet, ausgenutzt, an den Rand gedrängt. Der Arbeitsplatz ist eine Petrischale schwelender Missverständnisse. Diese Missverständnisse sind Infektionen, die praktisch ohne Nahrung wachsen. Sie brauchen sehr wenig Futter. Unsere Emotionen geben ihnen eine Menge Treibstoff.

Sich missverstanden zu fühlen, ist eine zutiefst einsame und isolierende Emotion. Wenn wir uns missverstanden fühlen, empfinden wir eine immer größer werdende Kluft zwischen uns und den anderen. Oft gehen mit dieser wachsenden Emotion auch Gefühle der Hilflosigkeit einher.

Wieder haben wir eine Krise durch Missmanagement. Wie gehen wir also richtig mit Emotionen um?

Bevor wir zulassen, dass diese Emotionen uns beherrschen, müssen wir uns fragen: Haben wir die nötige Menge an Informationen, um so heftig zu reagieren? Wissen wir wirklich, was hinter dieser Tür liegt, oder lassen wir nur zu, dass eine Flut von Erwartungen unsere Emotionen aufputscht, bevor wir eintreten?

Wenn wir alle nötigen Informationen haben und glauben, dass die richtige Reaktion eine emotionale Explosion ist, müssen wir als Nächstes entscheiden, wie viel Zeit wir dieser Emotion geben. Es ist in Ordnung, zu Recht verärgert zu sein. Aber es ist nicht in Ordnung, diesen Ärger so lange gären zu lassen, bis daraus Bitterkeit wird.

Gibt es einen Unterschied zwischen Emotionen und Gefühlen? Emotionen sind Gefühle, aber Gefühle müssen nicht unbedingt Emotionen sein. Wir können die Anwesenheit von jemandem fühlen, der gerade den Raum betritt, und dem keine Emotion beimessen. Wir müssen dieser Anwesenheit zuerst eine Identität verleihen, bevor wir eine angemessene oder unangemessene Reaktion erzeugen können.

Jemand will gerade den Raum betreten. Wir sind in Erwartungshaltung: Fehler Nummer eins. Es könnte ein argloses Kind sein, aber natürlich auch ein Feind. Wenn wir angstgesteuert sind, leben wir in der Erwartung, dass feindlich gesinnte Kräfte auftauchen könnten. Je optimistischer wir sind, desto mehr gehen wir davon aus, dass etwas Positives passiert.

Während unser innerer Zustand positive und negative Resultate anziehen kann, ist jedoch, auf der emotionalen Ebene betrachtet, die neutrale Position für uns die bessere. Soll doch das wunderbare Kind ins Zimmer stürmen und uns mit Umarmungen, Küssen und vergnügten Quietschern ersticken. Wir werden es nicht weniger genießen, weil wir nicht vorab die richtige Erwartungshaltung eingenommen haben. Und wir haben uns vielleicht eine Menge Angst dadurch erspart, dass wir keinen Feind erwartet haben, der durch die Tür kommen würde. Alle Emotionen brauchen eine angemessene Zeitspanne, einen Anfang und ein Ende. Liebe zu Ihrem Kind? Das ganze Leben lang ist die richtige Zeit dafür. Neid auf einen Kollegen, der die Beförderung bekommen hat, die Sie wollten? Wenn Sie an diesem Gefühl ihr Leben lang festhalten, ist Ihr Leben zerstört. Unsere Emotionen sind die Art und Weise, wie wir die Welt erfahren. Sie sind niemals falsch. Es ist nur das Missmanagement des Bewusstseins, das uns im Weg ist. Wir scheinen den unangenehmen Gefühlen zu viel Gewicht beizumessen und durch die angenehmen allzu schnell hindurchzueilen.

Wir glauben, es sind unsere Ängste, die uns schützen und Sicherheit geben. Und tatsächlich dient die Angst ja auch diesem Zweck, doch unser Bewusstsein greift ständig in diesen erstaunlichen Prozess ein. Unser Angst-Instinkt braucht keine Hilfe von unserem Bewusstsein, so schwer das auch zu begreifen ist. Erinnern Sie sich an den Löwen? Wir sind so in unser Denken verliebt, wir können uns einfach nicht vorstellen, wie es unsere Instinkte behindern könnte.

Missmanagement.

Dieses permanente Missmanagement hält uns davon ab, die ganze Palette an Emotionen zu genießen, die uns tatsächlich bereichern. Wir können mit unseren Emotionen am besten umgehen, wenn wir jede Lebenssituation aus einem ruhigen und neutralen Zustand angehen. Öffnen Sie sich ganz der

Erfahrung, aber belasten Sie sie nicht mit vorgefassten und vorprogrammierten Emotionen.

Aus irgendeinem Grund glauben wir, dass das Einlassen auf einen jeden Moment aus einer neutralen Position bedeute, das Leben wie eine gefühllose Maschine zu leben. Das ist nicht wahr. Wir können ein größeres Spektrum an Emotionen genießen, wenn wir jede Situation in einem Zustand der Klarheit angehen. Die Emotionen, die wir am Ende haben, werden der tatsächlichen Erfahrung, die wir durchleben, eher entsprechen. Und so wissen wir die eigentliche Erfahrung besser zu schätzen.

Wir sind emotionale Wesen. Es geht nicht darum, das Erleben von Emotionen zu verhindern, sondern zu verhindern, ihnen ausgeliefert zu sein. Auf diese Weise haben wir am Leben teil und können die Zeit hier richtig nutzen.

Wenn man die Sterne betrachtet, erfährt man eine tiefe Empfindung von der gewaltigen Größe des Universums. Das ist ein erhebendes und unbeschreibliches Gefühl. Je länger man sie sich ansieht, desto tiefer empfindet man dieses Gefühl. Es ist keinerlei Erwartungshaltung nötig, um den Reichtum dieser Erfahrung zu schätzen.

Wenn man die ganze Farbpalette all des Schönen im Leben erkennen möchte, braucht man keine getönten Brillengläser. Je klarer der Blick, desto mehr Schönheit wird man sehen. Immer wieder neu, immer unbelastet. Und mit jeder neuen Emotion entdeckt man etwas Neues an sich selbst.

Was möchte das Universum von uns?

Es gibt viele Deutungen jener inner- und außerirdischen Kraft, die das Geschehen im unendlichen Raum in Gang hält.

Wir versuchen, diese unbegreifliche Kraft mit einer Persönlichkeit auszustatten, und nennen sie Gott. Manchen gefallen andere Begriffe besser. In einem bekannten Film heißt sie nur «The Force» (Die Kraft). Für dieses Buch hier wollen wir sie das Universum nennen.

Welche Art von Kraft kann zweihundert Milliarden Sterne in einem einzigen Bereich, den wir unsere Galaxie nennen, zusammenhalten? Glauben wir wirklich daran, dass die heutige Wissenschaft dies erklären könnte?

Wir definieren Leben auf der Grundlage unseres minimalen Verständnisses von fünf symbiotischen Elementen, die die DNA-Struktur für alle lebenden Organismen auf unserem Planeten bilden. Fünf Elemente, Kohlenstoff, Wasserstoff, Sauerstoff, Stickstoff und Phosphor, müssen gleichzeitig auftreten, um jede Art von Leben zu ermöglichen. Und ausgerüstet mit diesem Quäntchen an Information glauben wir, wir seien der einzige Planet mit der richtigen Temperatur und der richtigen Anordnung von Elementen, um Leben zu erhalten. Unter zweihundert Milliarden eigenständigen Sonnensystemen nur in unserer Galaxie.

Und doch haben wir vor kurzem einen neuen Organismus hier auf der Erde entdeckt, der unseren Kriterien für das Leben trotzt. Eine Mikrobe hat Phosphor durch hochgiftiges Arsen ersetzt und kann offenbar ohne den für das Leben notwendigen Bestandteil weiter existieren. Jeder Naturwissenschaftler weiß, dass dies vollkommen unmöglich ist. Und doch geschieht es, direkt hier vor unseren Augen.

So haben wir hier auf unserem Planeten entdeckt, dass Leben, so wie es uns bekannt ist, nicht unbedingt Leben bedeutet, wie es uns bekannt ist. Dies zwingt uns, unsere eingeschränkte Definition von Leben zu erweitern. Und es sollte uns ein wenig bewusst machen, welch engstirnige Anmaßung darin liegt anzunehmen, die Erde sei der einzige Planet, der in einer Unendlichkeit von Sonnensystemen Leben erhalten kann.

Das Universum ist ein lebender Organismus. Wir sind alle ein Teil dieses Organismus. Jedes kleinste Teilchen in diesem Organismus steht in Beziehung zu jedem anderen Teilchen. Und jedes Teilchen hat einen Einfluss auf jedes andere Teilchen.

Stellen Sie sich vor, Sie sitzen in einem Hubschrauber und fliegen über ein ausgedehntes Blumenfeld. So weit das Auge reicht, können Sie alle möglichen Farben, die ganze Vielfalt des gesamten Spektrums der Pflanzenwelt in Ihrem Blickfeld erfassen. Und jede Blume blüht und entlässt kleine Teilchen ihrer selbst als Duft, der uns betört. Der Pilot dieses Hubschraubers ist Gott, oder das Universum. Und das Blumenfeld sind alle lebenden Kreaturen. Was möchte das Universum von allen diesen Blumen? Es möchte sich selbst mit der Vielfalt des Lebens schmücken, das aus allen Poren des Universums steigt. Dieser weite Organismus, das Universum, nährt sich durch die Erschaffung von Leben. Das Leben erschafft und nährt sich selbst.

Und der Reichtum dieses sich ständig ausdehnenden Lebens ist die Vielfalt. Das Leben wird durch Vielfalt bereichert.

Das Universum hat uns aus allen anderen Lebewesen auf der Erde ausgewählt und uns Bewusstsein gegeben. Was auch immer Sie glauben, warum es so gekommen ist, spielt keine Rolle. Dieses Bewusstsein hat zum Ziel, Kreativität zu entfalten und weiterzuentwickeln. Und doch benutzen wir dieses besondere Geschenk, um die Vielfalt einzuschränken. Das Bewusstsein der Massen verengt sich und sucht nach einer immer gleichartigen Existenz, um sich sicher zu fühlen. Das Universum will nicht, dass wir uns sicher fühlen. Es will, dass wir dynamisch sind. Es will, dass wir uns ausdehnen und aufblühen und neue und erstaunliche Düfte von Emotionen entstehen lassen.

Und es möchte, dass wir Fehler machen. Fehler sind Teil der Kreativität. Fehler erschaffen neue Farben. Fragen Sie einen Künstler oder Wissenschaftler nach der Kraft von Fehlern. Lernen Sie, Fehler zu machen. Wir nutzen unser Bewusstsein, um unsere Felder in Monokultur zu betreiben. Wir wählen eine Farbe, die uns gefällt, und jede Blume auf unserem Feld wird genetisch verändert, um die gleiche Farbe zu zeigen. Wir erschaffen weite Felder mit blauen Blumen. Und sie alle produzieren den gleichen Duft.

Wir haben uns eingeredet, dass wir die Welt mit Schönheit füllen. So scheint es. Wir suchen nur die Blumen in unserer Lieblingsfarbe heraus und pflanzen sie überall. Am Ende beginnt dieses leuchtende Blau zu verblassen und uns bleibt nur ein fades Beige.Und nach einer Weile fängt dieser fade Duft an zu stinken.

Gefühle sind wie die Düfte, die unsere Blumen produzieren. Jedes Gefühl ist eine vibrierende Note, die ihre Energie in das Universum sendet, um etwas in sich aufzunehmen und zu verdauen und als noch mehr Energie zurückzukehren.

Das Gefühl, das wir zurzeit am meisten kultivieren, ist Angst. Angst ist das vorherrschende Gefühl, mit dem wir das Universum füttern. Und Angst hat Angst vor der Vielfalt. Vielfalt ist Unsicherheit. Sie bedroht unsere sichere Behaglichkeit.

Doch genau das hält das Universum am Leben. Und das Universum hört nie auf, diese Variationen zu nähren und immer neue Lebensformen zu erschaffen. Und neue Energie. Und die Vielfalt unserer Emotionen bereichert das Universum. Der Sinn des Lebens liegt in der Vielfalt des Lebens. In vielen verschiedenen Emotionen. Was möchte das Universum von uns? Es möchte, dass wir lebendig sind.

Es möchte, dass wir voll am Leben teilhaben.

Das Universum entfaltet sich nach der Musik, die wir erschaffen. Und statt eine Vielzahl von Symphonien zu spielen, beschränken wir unser Lied auf eine Note. Das Universum möchte, dass wir alle möglichen Noten in allen möglichen Kombinationen nutzen, die wir uns nur vorstellen können. Gute Noten und schlechte Noten, fließend und verspielt. Brillante Inspiration und schöne Fehler. Es ist ihm egal, wie wir sie zusammensetzen. Das Universum bittet uns einfach nur, weiterzuspielen.

Was ist da am Werk?

Eine nicht ganz neue New-Age-Theorie besagt, dass alles im Universum eine Auswirkung auf alles andere hat. Warum oder ob dies wahr ist, spielt keine Rolle. Wahr ist jedenfalls, dass mit uns und unseren Interaktionen mehr passiert, als wir uns vorstellen. Denken Sie an Ihre eigenen 75 Billionen Zellen. Jede Zelle enthält ihr eigenes Universum an Energie und Informationen. Und jede dieser Zellen gibt Energie ab: psychische, genetische, physikalische und elektrische Energie.

Alles ist Energie.

Vibration, Schwingung – ohne Ende. Wir sind Erzeuger und Empfänger von Energie. Und schon mit den Grundlagen der Physik lernen wir, dass Energie niemals verlorengeht.

Haben Sie jemals ein Lied plötzlich im Kopf gehabt, dann das Radio angemacht und das Lied wurde gespielt? Ist das nicht zu merkwürdig, um Zufall zu sein? Und dabei müssen Sie noch nicht einmal besonders medial sein – was Sie vielleicht sogar sind –, sondern Sie haben einfach nur die Schwingung aufgefangen. Warum sollte das so sein? Wir sind doch keine Radioempfänger. Doch, das sind wir.

Wir sind Empfänger für alles. Alles, was wir sehen, hören, riechen, schmecken, fühlen, sowohl auf der bewussten als auch auf der unbewussten Ebene, wird von unseren Antennen aufgefangen. Wir sind sowohl Empfänger als auch Sender, Erzeuger und Verbraucher von Energie. Die Energien kommen und gehen, es gibt ein breites Spektrum an Schwingungen.

Alle diese Informationen sprudeln aus unseren tieferen Bewusstseinsschichten in unsere bewussten Gedanken, ob wir sie wollen oder nicht.

Unser Gehirn führt Billionen genauer Berechnungen pro Sekunde aus; es ordnet, teilt, akzeptiert, lehnt ab – ein fortwährender Prozess, der direkt unter unserem Bewusstsein brodelt, um nach Bedarf genutzt zu werden. Und häufig werden wir durch all diese Informationen und Gefühle verwirrt. Jede Emotion, jeder Gedanke, jedes Signal vibriert nach seinem eigenen einzigartigen Rhythmus.

Das empfangen Sie, wenn Sie das Radio anstellen und Ihren Lieblingssong hören. Ein Apparat nimmt spezifische Frequenzen auf und reproduziert ihre Schwingungen zu Ihrem Hörvergnügen. Wir machen das die ganze Zeit, genau wie unsere kleinen Radios.

Universelle Energie und individuelle Energie sind nicht getrennt voneinander. Sie sind Teil des gesamten Organismus. Die Trennung existiert nur in unserem Denken. Sie beeinflussen die Welt genau so, wie Sie von ihr beeinflusst werden. Nur sehen wir die Welt bewusst und unbewusst auf unterschiedliche Weise. Wenn Sie etwas oder jemanden ansehen, erschafft Ihr bewusstes Denken ein Bild. Das tiefere Bewusstsein erkennt diese Bilder in seiner eigenen Sprache und seinen Empfindungen.

Wie bringen wir nun das tiefere und das äußere Bewusstsein in Einklang? Wenn Sie phantasieren oder träumen, erwecken Sie etwas in Ihrer inneren Welt zum Leben. Wenn Sie träumen, erschaffen Sie die Zukunft. Alle diese möglichen

Zukunftsoptionen existieren in Ihrer inneren Welt. Und dann wollen Sie, dass das Universum Ihnen hilft, diesen Traum in der Außenwelt zu verwirklichen.

Um die Chancen zu erhöhen, dass dieser Traum in Erfüllung geht, versuchen wir, Bedingungen zu schaffen, die es ermöglichen, dass er aus der inneren Welt heraus mit der Außenwelt in Schwingungen gerät. Die Musik, die Sie im Innern erzeugen, sollte mit der Musik in Ihrer Umgebung harmonieren.

Drehen Sie die Heizung in Ihrem kalten Haus auf, und bald werden Sie es warm und gemütlich haben. Jetzt öffnen Sie die Fenster und Türen, und was passiert? Die äußeren Kräfte dringen ein und beherrschen Ihr kleines Reich. Ihr Zuhause ist wieder kalt. Die Atmosphäre wird immer stärker sein. Sie ist zu mächtig.

Wie können wir es also schaffen, dass diese warmen Träume, die in uns brodeln, in der Außenwelt lebendig werden? Lernen Sie mit dem Universum zusammenzuarbeiten. Was für einen Sinn hat es, gegen die Kräfte anzukämpfen, die uns entweder unterstützen oder uns zerstören können?

Wenn Sie sich in Disharmonie zu Ihrer Welt setzen, werden Sie genau das bekommen: ein Leben voller Disharmonie.

Wenn Sie wirklich wollen, dass Ihre Träume mit der Umgebung schwingen, ersetzen Sie Angst durch Vertrauen. Das Universum harmoniert besser mit Vertrauen als mit Angst. Vertrauen ist der Verstärker, der es dem Universum ermöglicht, Ihre Musik zu hören und mit ihr gemeinsam zu schwingen.

Wenn Sie dieses Buch beenden, werden Sie ein tieferes Verständnis davon haben, wie Sie Ihre Innen- und Außenwelt in Einklang bringen können.

Das Paradox vom Jetzt und der Zukunft

In dem Buch «Jetzt – die Kraft der Gegenwart» von Eckhart Tolle geht es um die Notwendigkeit, das Leben zu spüren, während man es lebt; im Moment gegenwärtig zu sein. Wer möchte sich nicht in seiner Haut voll präsent fühlen? Aber viele von uns haben das Gefühl, durch den Einbruch grundlegender Notwendigkeiten aus unserem Jetzt herausgezogen zu werden. Ein Problem besteht darin, dass man, wenn man vollständig im Moment lebt, nicht die Schritte unternehmen kann, die es braucht, um für eine sichere und aussichtsreiche Zukunft zu sorgen. Das erscheint als ein Widerspruch.

Sie fragen: «Wie kann ich den Moment voll auskosten, wenn ich der Frage, wie ich meinen Verpflichtungen nachkommen kann, dabei nicht genügend Aufmerksamkeit widme?» Sicher scheint einen die Sorge darum, wie die Stromrechnung bezahlt werden kann, aus dem gegenwärtigen Moment herauszuziehen und in einen Zustand der Angst und Sorge um die Zukunft zu versetzen. Diese Angst wird natürlich im Jetzt empfunden. Unser beständiger Zustand der Angst ist ein Gefühl, in das wir jederzeit geraten können – auf viele verschiedene Arten. Sie wissen, Sie müssen das Geld aufbringen, um die Stromrechnung zu bezahlen, und Sie wissen auch, dass die ständige Sorge darum Sie bei lebendigem Leibe auffrisst.

Wie können wir den Moment im Jetzt genießen – besonders wenn wir wissen, dass unsere Zeit auf Erden begrenzt ist – und gleichzeitig mit unseren Verpflichtungen und den möglicherweise drohenden Katastrophen klarkommen?

Wenn wir unsere Zukunft planen, unterscheiden wir dann zwischen unmittelbarer und ferner Zukunft? Wahrscheinlicher und unwahrscheinlicher Zukunft? Wir sind uns bewusst, dass das Leben seine unplanmäßigen Wendungen nehmen kann, und wir stellen uns mit unseren Erwartungen darauf ein. Der Plan, in 30 Minuten Ihre Lieblingsfernsehsendung zu sehen, ist sicherer als der Plan, eines Tages Präsident zu werden.

Letztlich sind aber alle Gedanken an die Zukunft Phantasien. Sie stellen sich etwas vor, was Sie in Ihrem Innern zum Leben erwecken. Sie leben diese Projektion der Zukunft als ein inneres Szenario direkt in dem Moment, in dem Sie es sich ausmalen. Ob es in der Außenwelt realisiert wird, bleibt abzuwarten. Ja, Sie können hier sitzen und sich darum sorgen, dass Sie die Stromrechnung nicht bezahlen können, völlig erstarrt in dieser Angst. Und es besteht eine gewisse Wahrscheinlichkeit, dass dieser Schrecken tatsächlich eintritt. Der größte Teil Ihrer psychischen Energie hat diese Ängste in die Zukunft hineinprojiziert, daher stehen die Chancen gut, dass Sie recht haben. Und wenn der Strom dann abgestellt wird, können Sie sich für die Richtigkeit Ihrer düsteren Voraussicht auf die Schulter klopfen. Aber bis das passiert und Ihre Ängste Realität werden, wird das alles nur Phantasie gewesen sein.

Sie erleben diese Katastrophe in Ihrem Innern und sind so für den gegenwärtigen Moment blockiert. Und wenn Ihre Ängste sich bewahrheiten, leiden Sie doppelt, dadurch dass

Sie Ihr Jetzt und auch Ihre Zukunft vergiftet haben. Im Grunde zahlen Sie die Rechnung zwei Mal. Was haben Sie davon? Eine extra Dosis Leid? Sie denken, Sie können das Risiko kalkulieren und eine sichere Prognose für die Zukunft stellen, aber die Dynamik des Lebens wird Ihnen immer einen Strich durch die Rechnung machen. Selbst so simple Pläne wie das Anschauen Ihrer Lieblingssendung im Fernsehen sind keineswegs sicher. Jede kleine Veränderung kann Sie vom Kurs abbringen. Das gilt für alle Erwartungen an die Zukunft. Das Universum wird Ihnen Veränderungen und neue Möglichkeiten ohne Ende bescheren.

Vielleicht ist das Problem, das Sie mit diesem Widerspruch der Zukunft haben, einfach eine Frage der Aufmerksamkeit. Nehmen wir an, Sie spielen mit Ihrem Kind und werden dabei von einem Gedanken unterbrochen. Es kann etwas Positives sein, eine Beförderung zum Beispiel, oder auch etwas Negatives – wie entlassen zu werden. Aber Sie wurden aus Ihrem gegenwärtigen Moment herausgerissen, und Ihre Gedanken sind nun woanders. Sie haben den Moment mit Ihrem Kind verpasst, weil Sie Ihre unruhigen Gedanken nicht in Schach halten konnten.

Vergnügen sehen wir am liebsten als den Zustand an, den wir im Jetzt empfinden sollten. Wenn wir also nicht dieses Vergnügen empfinden, erscheint uns das Jetzt nichts wert. Aber Vergnügen ist sehr anfällig. Ein winziger Funken Negativität kann es zerstören. Doch wir stellen diese Bedingung, uns gut zu fühlen, an unseren Jetzt-Moment und stampfen mit den Füßen auf, wenn dies durch irgendeinen eindringenden Gedanken zerstört wird. Ich will mein Jetzt zurück! Aber es ist alles Ihr «Jetzt».

Genießen Sie Ihr Jetzt. Es kann nicht immer vergnüglich

sein, aber Sie können dennoch das elektrisierende Gefühl wahrnehmen, lebendig zu sein. Das ist jetzt. Wenn Sie Sorgen haben, tanzen diese gerade jetzt in Ihnen. Ihr Bewusstsein dieser Ängste ist ein Beweis dafür, dass Sie am Leben sind. Aber, vergessen Sie nicht: Prognosen für die Zukunft sind Phantasien. Sie stellen sich Ihr potenzielles Scheitern vor, aber Sie könnten genauso gut einen Lottogewinn voraussehen. Es gibt noch einen anderen Eindringling in Ihren Jetzt-Moment: die Vergangenheit. Die Vergangenheit kann Ihr Jetzt genauso infizieren wie Phantasien von der Zukunft. Die Belastung der Vergangenheit hält Sie davon ab, ein klares Bewusstsein des Heute zu genießen. Sie sind dennoch im Jetzt. Aber das gefällt Ihnen vielleicht nicht. Während Sie also irgendein Bild der Vergangenheit oder Zukunft abrufen, erleben Sie dieses in genau diesem Moment in Ihrem Innern. Das heißt, Sie sind eigentlich in der Gegenwart. Sie quälen sich nur selbst mit einer potenziell düsteren Zukunft oder einer übertrieben rührseligen Vergangenheit. Da vergeuden Sie Ihren gegenwärtigen Moment mit trüben Gedanken und Kümmernissen.

Die Frage stellt sich, wie Sie Ihr Jetzt vollkommen genießen können. Sie glauben, dass die Vorstellung von der Zukunft Sie aus dem Jetzt herauszieht. Aber es ist immer jetzt. Es sind Ihre Ängste, die die Probleme verursachen.

So besteht das Paradox vom Jetzt und der Zukunft darin, dass es kein Paradox gibt. Es ist immer jetzt. Sie erleben etwas, während Sie es durchleben. Wie Sie es erleben, liegt an Ihnen.

Alles zu seiner Zeit

Unsere Zeit in diesem Leben ist begrenzt, und wenn wir sorgsam mit dieser Zeit umgehen, eröffnen sich uns mehr Möglichkeiten zur Erfüllung. Jeder Mensch hat seine eigene Zeitvorstellung. Das hat nichts mit der objektiven Zeit zu tun. Unser Zeitempfinden liegt im Einflussbereich unserer Emotionen. Wir verleihen all den Ereignissen in unserem Leben einen zeitlichen Rahmen, der auf unserem emotionalen Zustand beruht. Wir möchten etwas unbedingt bekommen, und wir versuchen, das Universum zu zwingen, es freizugeben, bevor es so weit ist.

Wir wollen alles jetzt. Das ist das gierige Selbst. Das Selbst, das verlangt, dass der Vergnügungssinn ständig stimuliert wird. Aber die Zeit richtet sich nicht unbedingt nach unserem Verlangen. Das Gefühl für die richtige Zeit ist ein wichtiger Bestandteil eines zufriedenen Lebens. Wenn Sie etwas essen möchten und Sie bitten einen Freund, der gerade aus dem Restaurant kommt und total satt ist, Sie zu begleiten, kommt Ihre Bitte zur falschen Zeit.

Wic findet man das Rezept für sein Leben? Wann ist es an der Zeit, Appetit auf ein neues Auto zu haben? Der Körper weiß, wann er Nahrung braucht. Und er verlangt danach. Aber wenn Ihr gieriges Selbst nach immer mehr Essen verlangt, kommen pfundweise neue Probleme in Ihr Leben. Alles, was wir brauchen, hat seine Zeit.

Wir versuchen immer, die Zeit zu drängen. Unsere Emotionen appellieren eindringlich an die Zeit, unsere Bedürfnisse nach unserem Zeitplan zu erfüllen. Die Zeit interessiert das nicht. Man kann sie nicht dazu drängen, irgendetwas zu tun. Die Zeit kocht ihr eigenes Süppchen. Wir sind kleine Kartoffeln, die mit Gemüse und Gewürzen vor sich hin sieden und Verbindungen eingehen und dann schreien, dass wir fertig sind. Aber die Zeit entscheidet, wann die Suppe fertig ist. Unsere Emotionen haben darauf keinen Einfluss.

Machen Sie Ihren Frieden mit der Zeit. Wenn Sie alles getan haben, was Sie tun können, ist es nun Sache des Universums, die Suppe zu kochen. Warum sollten Sie um den Topf herumhüpfen, die anderen Gemüse anschreien, sich zu beeilen – sich wegen all der Dinge verrückt machen, die Sie nicht beeinflussen können? Unsere Wünsche hängen von mehr Kräften ab, als wir vermutlich wissen können. Das meiste, was wir brauchen, verlangt die Beteiligung vieler Menschen. Andere Gemüse in unserer Suppe, die auch kochen und sich mit uns verbinden müssen, um zur richtigen Zeit den richtigen Geschmack zu ergeben. Aber wir denken, wir könnten es beeinflussen. Wir glauben, dass wir irgendeinen Teil dazu beitragen können. Irgendetwas Kleines, an das wir nicht gedacht haben, könnte vielleicht den Prozess beschleunigen.

Es ist gut möglich, dass unsere altmodische Arbeitsmoral uns dazu antreibt, uns über unsere Probleme Sorgen zu machen und deshalb den Zeitprozess zu beschleunigen. Wir glauben, wenn wir lange genug über etwas nachdenken, stecken wir Energie hinein. Natürlich werden die Gedanken schnell obsessiv, das liegt in der Natur der unnötigen Wiederholung eines Prozesses.

Ein Teil dessen, was wir lernen müssen zu verstehen, ist: Wenn wir etwas wünschen und unseren Befehl an das Universum abgeben, ist die Arbeit getan. Wir müssen die Gedanken beiseite schieben und das tiefere Bewusstsein mit dem Problem arbeiten lassen. Ihre Aussage ein Mal mit Leidenschaft und Vertrauen zu machen, ist mehr als genug an Arbeit, die Sie in die Situation investieren sollten. Das tiefere Bewusstsein kann sie von dort abholen. Sie müssen nur lernen, nicht im Weg zu stehen. Und lassen Sie dann die Zeit und das Universum den Rest erledigen.

Aber ständig stolpern wir, psychologisch gesehen, über unsere eigenen Füße. Zeit ist der große Arzt Ihres Lebens, und den Arzt muss man respektieren. Das gierige Selbst ist der Patient. Hören Sie auf Ihren Arzt.

Unser Leben ist voller Möglichkeiten, und viele davon sind Wünsche, die wir für uns selbst hegen. Möglicherweise sind sie Teil unseres Schicksals. Aber wie können wir wissen, wie viel Zeit wir ihnen lassen müssen? Unsere Emotionen sind ungeduldig. Wir wollen unser Potenzial so bald wie möglich ausschöpfen. Und wir machen uns Sorgen, dass wir den richtigen Moment verpasst haben könnten, wenn eine gewisse Zeit vergangen ist. Dass unser großes Schicksal an uns vorbeigegangen sein könnte.

Kann man die Zeit zu etwas zwingen? Ja. Und nein. Sie können Ereignisse erzwingen, die nicht auf Ihrem karmischen Weg vorgesehen waren, sodass sie Ihr Schicksal verändern. Das passiert laufend. Durch den scheinbaren Akt, etwas zu einer bestimmten Zeit zu erzwingen, öffnet man eine andere Tür mit neuen Möglichkeiten, die sich durch diesen Willensakt auftun werden. Sie haben nicht die Zeit zu etwas gezwungen – Sie haben Ihren Weg verändert. Und Dinge, die zu einer bestimmten Zeit passieren sollten, ordnen sich neu und passieren nach einem neuen Zeitplan – oder auch nicht.

Man kann das Konzept von «alles zu seiner Zeit» leicht mit Schicksal verwechseln. Dass alles zu seiner Zeit passieren wird – das empfindet man natürlich als Schicksal. Und es gibt tatsächlich eine Verbindung.

Hier also ein paar Worte zum Schicksal. Schicksal ist ein mächtiges Wort. Scheinbar unabwendbar. Wer kann es mit dem Schicksal aufnehmen? Wenn es mein Schicksal ist, X zu werden, dann muss es so sein. Die realistischere Aussage wäre: Wenn es mein Schicksal ist, X zu werden, dann kann es so sein. Es gibt einen großen Unterschied zwischen «muss» und «kann» sein.

Stellen Sie sich Ihr Schicksal eher als ein Potenzial vor. Der Grund dafür, dass jedes Schicksal ein Potenzial ist, liegt in etwas, was wir den freien Willen nennen.

Es mag Ihnen bestimmt sein, der nächste Mozart zu werden. Aber Sie können sich dazu entscheiden, es nicht zu werden. Sie können sich entschließen, lieber nicht täglich einige Stunden lang Klavier zu üben und stattdessen lieber auszureißen und mit Ihren Freunden Fußball zu spielen.

Es gab im Universum ein Zusammenspiel von sozialen, genetischen, persönlichen und anderen Ereignissen, das Schwingungen erzeugt hat, die sich mit Ihrem Weg gekreuzt und unterstützend gewirkt hätten, um aus Ihnen den nächsten Mozart zu machen. Aber Sie haben sich anders entschieden. Haben Sie Ihr Schicksal verpasst? Nein. Sie haben eine Möglichkeit verpasst. Und neue Schicksalswege geschaffen. Das Universum wird sich dann neu formieren, um Ihnen entgegenzukommen, und Ihnen neue Schicksalswege auf Ihrem Pfad anbieten.

Wohin Sie auch gehen mögen, es gibt für Sie immer einen Platz auf dieser Welt. Jeder neue Weg hat ein Spektrum an möglichen Schicksalen. Sie wählen eins davon aus – mit all seinen Vor- und Nachteilen. Und alles wird so geschehen, wie es geschehen soll – ZU SEINER ZEIT.

Der Wert der Erfahrung und die Last der Vergangenheit

Unsere Erfahrungen sind die Bausteine unserer Persönlichkeitsentwicklung. Sie sind alle Teil unserer Vergangenheit. Sie zeugen davon, wer wir sind. Häufig sind sie widerstreitende Einflüsse, die unsere Persönlichkeit formen. Und viele dieser Erfahrungen werden zu so belastenden Erinnerungen, dass sie uns praktisch auffressen.

Wir werden von unseren Erfahrungen sowohl geprägt als auch eingeengt. Die meisten von uns, mit nur wenigen Ausnahmen, messen der Vergangenheit zu viel Gewicht bei. Dies kann das Wachstum behindern.

Aber was ist mit all den guten Dingen, die ich im Leben gelernt habe? Was mit den wundervollen Beziehungen, die ich hatte? Behalten Sie sie. Sie alle gehören zu Ihnen und machen Sie aus.

Dies ist, wieder, eine Frage des Managements. Wie wir diese Erfahrungen verarbeiten, entscheidet darüber, ob wir den größtmöglichen Nutzen aus ihnen ziehen oder uns von ihnen niederdrücken lassen.

Die Herausforderung besteht darin, zu nutzen, was wir haben - aber nicht zuzulassen, dass es unser Denken einengt, sodass wir unfähig werden, voran in die Zukunft zu schreiten.

Negative Erfahrungen haben bei unserem Überleben einen bedeutenden Stellenwert. Wenn wir hinaus in die Welt gehen, ist unsere Sicherheit das Erste, worauf wir zu achten lernen. Die alte Kindheitserfahrung, dass man sich die Finger verbrennt, wenn man etwas Heißes auf dem Herd anfasst, hilft uns dabei, uns einen Panzer für das Leben anzulegen. Daran ist nichts Falsches, es sei denn, diese schmerzhafte Erfahrung gerät aus dem Gleichgewicht und aus Wissen wird Besessenheit. Wenn die Erfahrung, sich die Finger zu verbrennen, zu einer unangemessenen Angst vor Hitze, Kochen, Herden, Pfannen und Feuer wird, erzeugt dieses Ungleichgewicht Besessenheit. Und Besessenheit ist eine Form von Verrücktheit. Es ist tatsächlich so, dass man nicht einmal an diese schmerzhafte Erfahrung wie das Verbrennen der Finger zu denken braucht. Die Information ist jetzt fest verdrahtet und kann reflexartig abgerufen werden, wenn sie in einem geeigneten Moment gebraucht wird.

Unsere Erfahrungen liefern die Informationen, auf deren Grundlage sich unsere Meinungen bilden. Und wir wissen alle, was die Leute mit Meinungen machen: Sie tauschen sie aus. Zum Nutzen anderer? Oder weil wir den Klang unserer eigenen Stimme mögen? Wenn wir unsere Meinungen mit anderen austauschen, engen wir deren Erfahrungsspektrum mit unserer eigenen Perspektive ein. Wie sollte ihnen das tatsächlich helfen?

Sie können jemanden davor warnen, dass es am Ende der Straße einen bösartigen Hund gibt, und ihn möglicherweise davor bewahren, gebissen zu werden. Aber dieser andere kann größere Wahrnehmungsmöglichkeiten haben als Sie. Vielleicht ist er ein Hundeflüsterer, der die Gelegenheit begrüßt, jeder Art von Tieren zu begegnen. Vielleicht ist es sein Schicksal, gebissen zu werden und so traumatisiert, dass er einen ganz neuen Weg im Leben einschlägt, mag dieser nun besser oder schlechter sein. Der Punkt ist, dass wir das nicht wissen können.

Ihre Ausbildung ist ein Produkt Ihrer Vergangenheit. Sie haben keinen Doktortitel, weil Sie jetzt im Begriff sind, Doktor zu werden, sondern weil Sie in der Vergangenheit dazu ausgebildet wurden. Erfahrungen zu machen, ist Teil unseres persönlichen Ausbildungsprozesses, Teil unserer Überlebensmechanismen. Wir verarbeiten diese Erfahrungen in Kategorien und Mustern, und bei der Bewältigung unseres Lebens stützen wir uns auf diese Muster. Unsere Erfahrungen sind von größtem Wert, wenn wir sie als Teil unserer Festplatte nutzen und uns instinktiv auf sie stützen können. Sie werden zur Last, wenn wir zu viel darüber nachdenken und unsere Möglichkeiten einschränken.

Nehmen wir an, Sie machen eine Erfahrung, ob gut oder schlecht, spielt keine Rolle. Nehmen wir ein positives Beispiel: Sie waren bei einem Abendessen und haben einen Witz erzählt, über den viel gelacht wurde. Alle waren der Meinung, Sie seien witzig, ja großartig und überhaupt ein wunderbarer Gast. Kurze Zeit später sind Sie in einer anderen Gesellschaft und erzählen den gleichen Witz – und ernten versteinerte Gesichter, zwischen Ablehnung und Verachtung. Was lehrt Sie diese Erfahrung? Vielleicht werden Sie sagen, sie lehrt Sie, Ihr Publikum besser einzuschätzen. Vielleicht. Aber es handelt sich bei den beiden um recht ähnliche Gruppen. Das gleiche Alter, gleiche gesellschaftliche Stellung usw. Was ist schiefgelaufen? Nichts. Sie haben eine neue und unerwartete Erfahrung gemacht. Die gleiche Art von Menschen, die gleichen Umstände – eine andere Reaktion.

Ja, wir lernen durch unsere Erfahrungen. Aber wir können so viel mehr lernen, wenn wir unsere Erfahrungen nutzen, um unsere Sicht auf die Welt zu erweitern, statt sie als festgelegte Ereignisse zu sehen, die wiederholt werden müssten. Statt eine Erfahrung zu nehmen und sie in eine möglichst enge Schublade zu quetschen, sollten Sie Ihren Blick erweitern. Wenn Sie vor einer Gelegenheit stehen, die Erfahrung zu wiederholen, verändern Sie Ihre Perspektive und sehen Sie sie von der anderen Seite des Raumes an.

Dies ist kein Plädoyer für eine Selbst-Zensur. Es geht um die Erweiterung Ihrer Sicht auf die Welt. Ja, erzählen Sie Ihren Witz noch einmal. Aber erwarten Sie nicht, dass er die gleiche Reaktion hervorruft. Die Welt ändert sich ständig und auch die Erfahrungen verändern sich mit der Zeit. Wenn Sie für einen Witz ausgebuht werden, gibt es eine wichtigere Lehre als die, ob Sie den Witz vor dieser Gruppe hätten erzählen sollen oder nicht. Die Lehre besteht darin, dass jede Erfahrung einzigartig ist. Sie kann nicht wiederholt werden. Die Zeit schreitet voran und die Dinge wandeln sich.

Wir neigen dazu, unseren Erfahrungen so viel Wert beizumessen, dass wir glauben, wir könnten sie nutzen, um die Zukunft vorherzusagen. Wir stützen uns auf vergangene Muster, die uns den Weg leuchten sollen. Aber die Zukunft ist eine ungeformte Masse an Möglichkeiten, die sich ständig verändern, sobald sie in die Gegenwart eintreten und unsere Erwartungen mit neuen Ereignissen, die nicht mit unseren vergangenen Erfahrungen übereinstimmen, zerstören.

Was passiert, wenn ein Schema, das für uns mehrere Male funktioniert hat, nicht mehr funktioniert? Und wir den Prozess wiederholen, weil es unsere Erfahrung war, dass wir immer die gewünschten Ergebnisse erzielt haben? Aber so ist es nicht mehr. Und wir hoffen immer weiter, dass sich die Dinge normalisieren werden und dass sich wieder alles nach dem Schema verhalten wird. Nur das tut es immer noch nicht – weil die Welt sich verändert hat. Und was hundert Mal vorher funktioniert hat, hat jetzt keinen Einfluss mehr auf die Zukunft. Es funktioniert nicht. Und Sie sind an ein altes Paradigma gebunden, das Sie wiederholen, bis Sie verrückt werden.

Der Wert der Erfahrung liegt nicht darin, Ihre Erfahrungen zu wiederholen, sondern darin, sie aus einem neuen Blickwinkel anzusehen. Sie fügen Ihrer Palette mehr Farben hinzu. Nicht zur Wiederholung, sondern zur Erweiterung Ihres Farbspektrums.

Sie sind der Musiker, der die Musik seines Lebens spielt. Sie haben gelernt, wo all die Noten liegen. Wie Sie bestimmte Noten in bestimmten Abfolgen wiederholen, um bestimmte Melodien zu spielen. Sie lernen neue Kombinationen und fügen sie Ihrem Repertoire hinzu. Wertvolle Erfahrungen. Aber jedes Mal, wenn Sie spielen, ist es anders. Es mag Ihnen bekannt vorkommen, aber das ist es nicht. Sie können das gleiche Lied spielen, mit den gleichen Leuten. Aber die Gefühle in Ihnen, die Phrasierung jeder Note, die Interaktion mit den anderen Musikern ist einzigartig und jedes einzelne Mal etwas ganz Besonderes.

Jede Erfahrung, egal wie ähnlich sie auch scheint, ist ein einzigartiges Phänomen.

Wer möchte nicht immer jung bleiben? Und was macht uns eigentlich alt? Nur unsere eigenen Erfahrungen. Denn die Zeit, zu der sie passierten, ist vorbei. Doch wir stützen unsere Meinungen immer noch auf diese alten Erfahrungen und versuchen darüber hinaus, die Menschen um uns herum zu überzeugen, dass wir jugendlich seien. Sie sind vielleicht nützlich, wenn wir sie an die heutigen Bedingungen und Möglichkeiten anpassen können. Wie bei einem alten Lied: Um es wieder zum Leben zu erwecken, müssen wir es für die heutigen Hörgewohnheiten neu arrangieren.

Das Leben ist mehr als eine Formel

Jeder einzelne Bewohner dieses Planeten, egal wie zynisch oder ungläubig er sein mag, würde liebend gerne die exakte Formel für ein Leben voller Magie bekommen. Nicht einer von uns würde «Nein» dazu sagen. Aber wie würden wir diese Magie definieren? Als die Fähigkeit, übernatürliche Ereignisse zu beherrschen? Über das Feuer zu laufen? Fliegen? Der größte Beweis von Magie, den Sie jemals zu sehen bekommen, ist das Leben in Ihrem eigenen Körper. Aber wir nehmen diese höchste Magie für selbstverständlich – jeden Tag.

Wir wollen Beweise. Wir wollen die Magie messen können. Doch wie oft erfahren wir eigentlich ein Wunder – nur um es später als Illusion hinzustellen? Ein Leben mit Magie zu leben, ist eine Kunst. Und Kunst ist, wie das Leben, nicht quantifizierbar. Sie lebt zwischen den Zahlen und außerhalb der Formeln.

Wenn wir sagen, wir seien eine materialistische Gesellschaft, stellen wir nur etwas Offensichtliches fest. Aber die Auswüchse dieses Denkens durchdringen Aspekte unseres Lebens, die wir gar nicht ausloten können. Wir versuchen, alles in Zahlen auf einer Skala von eins bis zehn zu bewerten. Er ist eine Zehn. Ihr Job ist eine Fünf. Mein Leben ist eine Acht. Seine Frau ist eine Sechs. Wir suchen Trost darin, den genauen Zahlenwert aller Aspekte unseres Lebens zu kennen, und dies so sehr, dass wir die Grauzone fürchten, in der das Leben und die Kunst herrschen.

Das Leben und die Kunst leben im Unbekannten. Am Leben teilzuhaben heißt, an einer sich ständig ändernden Dynamik teilzuhaben, die nicht nach unseren Plänen und Wünschen verläuft. Es ist schön, wenn wir bekommen, was wir möchten. Aber es ist eine Anmaßung zu glauben, dass wir selbst dafür verantwortlich seien. Wir messen unser Leben an den erreichten Zielen. Und wenn wir ein Ziel verfehlen, empfinden wir eine Leere. Wir haben etwas verpasst. Dieses Loch erzeugt Schmerz, und wir lassen zu, dass unser niedrigeres Selbst diesen Schmerz verstärkt und wiederholt – und dabei bemerken wir nicht, dass das Universum dieses Loch wieder für uns auffüllt, bereits während wir noch darüber trauern.

Das Universum wird Sie immer mit neuen Möglichkeiten versorgen. Das ist garantiert. Es taucht immer etwas Neues auf.

Wir setzen uns ein Ziel, und wenn wir es nicht erreichen, betrachten wir dies als Scheitern. Wir verwerfen die Reise vollständig, wenn wir sie nicht als Sieg auf unserer Strichliste verbuchen können. Stellen Sie sich vor, Ihr Ziel war es, den Mount Everest zu besteigen oder um die Welt zu segeln. Und Sie haben fast den ganzen Weg geschafft, aber dann das Ziel um ein paar Zentimeter verfehlt. Sind Sie gescheitert? Stellen Sie sich die Dinge vor, die Sie bei Ihren Abenteuern gesehen haben. Die neuen Welten, die Sie entdeckt haben. Die neuen Kulturen, denen Sie begegnet sind. Neue Sprachen. Neue Musik. Eine neue Pflanzenwelt, neue Fauna. Alles neu. Ihr Leben wurde tausendfach bereichert. Aber Sie haben den letzten winzigen Streckenabschnitt nicht geschafft. Ist das Scheitern? Wenn Sie es so sehen – dann ist es das.

Denken Sie an ein Kind. Es probiert ständig neue Dinge aus und schafft sie nicht. Lernen. Wieder ein Misserfolg. Etwas anderes ausprobieren. Spielen. Besser werden. Ist das Scheitern? Sicher, das Kind verpasst immer wieder seine Ziele. Aber Scheitern? Wohl kaum.

Das Kind saugt die Erfahrungen des Lebens in solch einem Tempo auf, dass keine Zeit zum Nachdenken über Scheitern bleibt. Herumzusitzen und über Niederlagen nachzudenken ist eine anerzogene Reaktion. Kinder wissen gar nicht, wie man das macht, bis ihnen die Gesellschaft dieses machtvolle Wort beibringt: Scheitern. Diese Bewertungen des Scheiterns engen unsere Weltsicht ein und reduzieren unsere Möglichkeiten. Wir nennen das Erwachsenwerden.

Wenn Sie Ihr Leben in messbaren Zielen bewerten, reduzieren Sie den Radius Ihrer Existenz. Und Sie werden dadurch ärmer. Kein Geld der Welt, keine Zahl an Siegen kann Sie heil werden lassen, wenn Sie Reisen ohne den letzten Streckenabschnitt als Scheitern betrachten. Die Jagd nach Reichtum ist die Sucht nach Kontrolle. Wir wollen unbedingt aus den ärgerlichen Unsicherheiten des Lebens das Erscheinungsbild einer perfekt kontrollierten Umgebung machen, die wir beherrschen.

Wir sind zielorientiert. Und leben unser Leben nach einem Aufschub-Plan. Ich werde glücklich sein, wenn ich X erreicht habe. Ich arbeite, um Y zu kaufen. Wenn wir dann dieses Ziel erreichen, gibt es einen flüchtigen Moment der Euphorie, der nur wenig länger anhält als ein Orgasmus. Diese Euphorie flacht schnell zu einem unbestimmten Gefühl der Zufriedenheit ab. Und in sehr kurzer Zeit wird auch dieses Gefühl beiseite geschoben, um das nächste Ziel anzugehen. Das ist ein perfektes Beispiel für den Unterschied zwischen Glück und Vergnügen. Inneres Glück ist eine stabile Kraft in uns. Vergnügen ist ein Orgasmus, der nach Laune eintritt und mit dem nächsten Windstoß wieder verschwindet. Wenn wir dem Vergnügen nachjagen, bleiben wir in der Opferrolle. Es muss etwas von außen passieren, damit wir dieses Glück empfinden. Wenn wir bekommen, was wir wollen, glauben wir, dass wir glücklich sind. Wir fangen an zu glauben, unser Erfolg, der uns ständig Vergnügungen verschafft, sei das Resultat unserer eigenen Macht. Aber wie leicht löst sich dieses Selbstvertrauen auf, wenn sich das Glück wendet und das Universum sich entschließt, uns nicht mehr mit kosmischer Zuckerwatte zu füttern. Dann sind wir Opfer von Kräften, die wir weder kontrollieren noch verstehen können.

Und häufig beginnt dann das Gehirn mit diesem Prozess, alles wieder und wieder durchzuspielen. Wir befinden uns in der Spirale schmerzlicher Gedanken, die unablässig weiterdröhnen, Geschwindigkeit aufnehmen und unsere Qual erhöhen. Wir rufen uns gute Momente ins Gedächtnis und sehnen uns nach jener Zeit. Wir denken an schlechte Momente und zucken bei den schmerzhaften Erinnerungen zusammen. Welchen Zweck haben diese Erinnerungen an diesem Punkt? Wir sagen uns, wir können doch auch unsere Erfolge wieder durchleben und das Glück empfinden, das sie uns gebracht haben. Können wir das? Haben Sie sich einmal jemanden angesehen, der durch eine Dürreperiode gegangen ist und dabei ständig seine vergangenen Erfolge beschworen hat? Sehen diese Leute glücklich aus?

Doch das Austauschen früherer Erfolge mit Freunden kann sehr vergnüglich sein. Wirklich. Aber was Sie in einem solchen

Moment genießen, ist nicht die Erinnerung an einen früheren Erfolg, sondern die Gemeinschaft mit Ihren Freunden in der Gegenwart. Warum also träumen? Warum sollte man Ziele haben, wenn nicht, um sie zu erreichen? Denn das Verfolgen Ihrer Träume führt Sie zu erstaunlichen Dingen, selbst wenn Sie die Träume niemals verwirklichen. Nehmen wir an, als Sie Kind waren, wollten Sie Rockstar werden. Mehr als alles andere wollten Sie erwachsen sein, um ein Beatle zu werden. Sie kauften eine Gitarre und lernten zu spielen.

Und es begann eine lebenslange Liebesgeschichte mit der Musik. Wie Sie sich wahrscheinlich denken können, werden Sie niemals ein Beatle. Ist das Scheitern? Sie haben diesen Traum nie verwirklicht.

Aber Ihr Leben ist durch das Musizieren bereichert.

Träume mögen in Enttäuschungen enden. Aber ist das wirklich so? Wir werden vielleicht keine Rockstars. Aber wir lernen, Gitarre zu spielen.

Das Verfolgen Ihrer Träume wird Ihr Leben bereichern. Um mit John Lennon zu sprechen: «Ein Beatle zu werden, war besser, als einer zu sein.»

Von Mensch zu Mensch

Für das meiste von dem, was wir im Leben wollen, benötigen wir andere Menschen. Die meisten unserer Freuden und Leiden, unserer Träume und Wünsche haben etwas mit Interaktionen mit anderen zu tun. Selbst jemand, der sich entschieden hat, der Gesellschaft den Rücken zu kehren, und der allein in der Natur leben will, ist erst nach äußerst schmerzvollen Begegnungen mit anderen Menschen zu diesem Schluss gelangt.

Wir sind Menschen. Und wir brauchen andere Menschen. Wir definieren uns über unsere Beziehungen zu anderen Menschen. Nicht weil wir sind, was andere von uns denken, sondern weil das, was wir selbst von uns denken, durch den Austausch mit anderen beeinflusst wurde. Ein Mensch ist so lange ein Mensch, wie andere Menschen um ihn herum sind. Ein Kind, das in der Wildnis von Tieren aufgezogen wird, wird ein Tier mit einem völlig anderen Bewusstsein. Wir verleihen uns gegenseitig unsere Menschlichkeit. Wir nähren die anderen und werden von ihnen in einer Symbiose genährt.

Wenn Sie eine Zukunftsperspektive für sich entwerfen, ist diese natürlich auf Sie abgestimmt. Aber welche Ergebnisse auch immer Sie sich wünschen, selbst wenn es altruistische Ziele sind: Sie hängen alle von anderen Menschen ab, die an deren Erfüllung beteiligt sind. Weil selbst das Universum ihre Hilfe braucht, wenn es um die Erfüllung Ihrer Träume geht.

Sie versuchen, das Universum auf Ihre Schwingungen einzustellen. Aber es ist ganz wichtig, daran zu denken, dass die Erfüllung der meisten Ihrer Wünsche die Beteiligung anderer benötigt. Haben Sie diese Menschen berücksichtigt, wenn Sie das Universum bitten, Ihnen Ihre Wünsche zu erfüllen? Wie stark ist die Wertschätzung, die Sie den anderen Schauspielern in diesem Stück entgegenbringen – in dem Stück über Ihre Zukunftsträume? Fast alle Ihre Wünsche sind auf das Zutun anderer Menschen angewiesen. Und Sie wollen, dass sie nach Ihrer Musik tanzen. Spielen Sie denn Musik, nach der sie tanzen können?

Bevor Sie fragen, was jemand anders zur Party mitbringt, sollten Sie sich fragen, was Sie selbst beisteuern.

Wenn Sie sich entscheiden, was Sie einbringen wollen, verleihen Sie dem keinen Zahlenwert, um mit den anderen um Sie herum mithalten zu können. Die Rechnung geht nicht auf. Mehr ist nicht immer besser. Sie haben zwei Beine. Hätten Sie gern mehr? Stellen Sie sich vor, wie viel schneller Sie dann rennen könnten. Vier Arme würden aus Ihnen einen super Multitasker machen. Hätten Sie gern zwei mehr? Wenn Sie das, was Sie schaffen, mit dem vergleichen, was Ihr Freund oder Kollege schafft, kann die Rechnung niemals aufgehen. Sie kalkulieren immer von einem egoistischen Standpunkt aus und töten damit das Potenzial all dessen, was Sie erreichen können.

Die Rechnung sieht viel einfacher so aus: Alles, was Sie geben, wird – mindestens – verdoppelt.

Wenn Sie Liebe teilen, profitieren zwei Personen von dieser Liebe. Wenn Sie Ärger teilen, werden zwei Personen darunter leiden, vermutlich sogar noch mehr.

Hier ist eine andere Art und Weise, sich diese Kalkulation anzusehen: Sie haben ein Exemplar von irgendetwas. Jemand anderes hat auch eins davon. Sie geben ihm Ihrs. Er hat zwei. Sie haben nichts. Sie haben ihn sehr glücklich gemacht. Empfinden Sie den Mangel? Nein. Sie sind glücklicher, als Sie es waren, als Sie ein Exemplar hatten. Er ist glücklich. Und Sie haben sich selbst glücklich gemacht. Sie fühlen sich selbst reicher.

Geben nährt den Geber. Unsere Gefühle werden immer verdoppelt, wenn wir sie mit anderen teilen. Erweisen Sie jemandem Respekt und zwei Menschen werden davon profitieren. Hier noch ein bisschen mehr Mathematik: Einer der Fehler der populären Psychologie ist die Vorstellung, dass Sie Ihre Wut rauslassen müssen, dass man seine Wut durch das Ausdrücken loswird. Aber das Ausdrücken der Wut verdoppelt sie. Man hat der Wut dadurch, dass man sie mit anderen geteilt hat, die Möglichkeit gegeben, zu wachsen. Das klingt merkwürdig. Was soll ich mit all dieser Wut machen, sie einfach weiter in mir gären lassen? Nein – aber sie «managen». Nähren Sie sie nicht dadurch, dass Sie andere in diese Emotion hineinziehen. Geben Sie der Negativität durch den Ausdruck nicht noch mehr Raum. Managen Sie sie. Und durch richtiges Management der Wut wird sie viel einfacher abklingen, als wenn Sie sie auf andere abfeuern und die Flammen anfachen.

Wut erzeugt Wut. Liebe erzeugt Liebe.

Alles, was Sie geben, verdoppelt sich. Wie bekommen wir dann das, was wir wollen, von anderen? Wir brauchen Liebe. Wir brauchen Vertrauen. Wir brauchen Glauben.

Erwarten Sie nichts von anderen.

Es steht uns nicht zu, die Erfüllung unseres Verlangens bei

anderen zu suchen. Das ist das Streben nach Bequemlichkeit, und diese ist eine einfallslose Form des Vergnügens. Echte Beziehungen sollten nicht auf Wechselseitigkeit beruhen. Sie sollten auf dem Geben begründet sein und nichts dafür erbitten oder erwarten.

Eine liebevolle Beziehung bittet um nichts. Wenn die Liebe erwidert wird – wie schön. Aber sie sollte nie gefordert oder als Gegenleistung erwartet werden.

Aber wie gehen wir in Beziehungen mit Menschen, die uns in der Vergangenheit verletzt haben oder denen gegenüber wir misstrauisch sind? Wenn die Vergangenheit die Beziehung belastet, dann müssen Sie die Bedingungen ändern. Entweder Sie beenden das Ganze – oder Sie lassen sich ganz konsequent darauf ein. Wenn wir die andere Person betrachten und zulassen, dass sich Zweifel einschleichen, wird sie dieses Signal empfangen. Dies wirkt auf vielerlei Weise als Verstärker für ihr Verhalten. Behandeln Sie einen Dieb wie einen Dieb – und Sie werden bekommen, was Sie erwarten. Das soll nicht heißen, dass das Vertrauen in einen Dieb ihn in eine ehrliche Person verwandelt. Es soll nur heißen, dass, wenn Sie ein Katalysator für seine Veränderung sein wollen, dies Ihr Vertrauen erfordert.

Wir wollen zwar glauben, aber wir sagen: wenn ich nur dieser Person vertrauen könnte.

Dieser Zweifel ist eine Energie. Und diese Energie hat einen Namen: Misstrauen. Diese Misstrauens-Energie hat Einfluss auf den Empfänger dieser Energie.

Wenn Sie jemanden verändern wollen, ist es allerdings möglich – manchmal.

Zuerst müssen Sie fest an diesen Menschen glauben. Was das Vertrauen angeht: Schenken Sie ihm Ihr volles Vertrauen.

Er wird das auf einer unbewussten Ebene fühlen. Engagieren Sie sich voll und ganz in Vertrauen und Klarheit. Stellen Sie sich nicht die Frage, ob es dumm war, dieses Vertrauen aufzubringen. Tun Sie es einfach. Die Magie (die magischen seelischen Schwingungen) dieses Glaubens wird von dem Menschen empfangen, in den Sie dieses Vertrauen setzen. Das garantiert nicht, dass er sich verändern und der Mensch werden wird, zu dem Sie ihn machen möchten. Vielleicht gibt es zu viele andere Faktoren und Einflüsse in der Welt, sodass Ihr Glaube diese Art von Veränderung in ihm nicht bewirken kann. Vielleicht ist er nicht bereit dazu.

Aber vielleicht ist er es. Und wenn er bereit ist, könnte Ihr Glaube an ihn Teil der Energie sein, die ihm hilft, sich zu verändern.

Wenn Sie an den Punkt gelangen, an dem der Mensch, dem Sie vertraut haben, Sie enttäuscht und erkennen lässt, dass er nicht der Mensch werden kann, der Ihres Vertrauens würdig ist, lassen Sie ihn gehen.

Sagen Sie zu anderen Menschen ja oder nein. Aber pendeln Sie nicht dazwischen hin und her. Das führt nur zu Enttäuschungen.

Das soll nicht heißen, dass Sie sofortige Reaktionen auf jede Situation parat haben müssen. Manchmal ist es angebracht zu sagen: «Ich habe mich noch nicht entscheiden können.»

Die Regeln für das Miteinander mit anderen Menschen sind einfach. Wenn Sie im Zweifel sind, geben Sie zuerst. Bitten Sie um nichts und sehen Sie, was passiert.

TEIL ZWEI

Die Magie und Sie

Alle wollen Magie

Ihr Nachbar geht morgens früh aus dem Haus, kauft sich ein Lotterielos und ist am Abend der reichste Mann der Stadt. Ein Wunder ist geschehen. Ist es ein Wunder, oder ist es einfach nur Zufall? Wir wollen das genauer untersuchen.

Es war perfektes Timing. Ihr Nachbar war der einzige Mensch, der diese Lotterie hätte gewinnen können. Es war seine Zeit. Es handelte sich nicht um Zufall. Dies war sein Schicksal, und er ist ihm zu diesem perfekten Zeitpunkt begegnet.

Ist das Magie? Wir wünschen uns, dass es etwas Magisches ist.

Der visionäre Erfinder und Naturwissenschaftler Nikola Tesla vertrat die Ansicht, alles auf dieser Erde sei Magie. Er sagte das nicht nur um des Effekts willen. Er hatte begriffen, dass die Wissenschaft mehr mit dem Mystischen zu tun hat, als seine Zeitgenossen jemals gewagt hätten zuzugeben. Und er spielte auf dem Gebiet der Magie und veränderte die Welt.

Jeder von uns hat den geheimen Wunsch, die Grenzen des Alltäglichen hinter sich zu lassen und in die Welt der Wunder einzutreten. Wir alle möchten diese mystischen Quellen anzapfen können. Wir wollen Magie.

Wie oft haben Sie eines dieser Wunder erlebt, die Sie vollkommen in einen Zustand der Hochstimmung versetzen, in perfektem Einklang mit dem Universum, nur um sich später einzureden, das sei alles Illusion gewesen? Warum ist es so schwer, an diesem Glauben an das Magische festzuhalten? Wir scheinen kein Problem damit zu haben, absolutes Vertrauen in negative Gedanken zu setzen. Wir glauben absolut und unerschütterlich an jede Art von Negativität. Sofort beginnen wir, diese Pflanze zu gießen, nähren Sie mit Angst. Wir visualisieren die negativen Konsequenzen und liefern uns ihnen aus. Und wir nennen das rationales Denken.

Warum können wir diese Energie nicht in die Hoffnung setzen? Warum glauben wir, Angst sei rational und Hoffnung irrational? Wenn Sie Hoffnungen haben, schleichen sich Zweifel ein. Wenn Sie Angst haben, gibt es keinen Zweifel. Warum nährt unser angeblich rationaler Verstand die Angst und lässt die Hoffnung verkümmern? Ist Angst für ihn wertvoller als Hoffnung?

Wir glauben, wir schützen uns damit vor der schmerzhaften Emotion, durch falsche Hoffnung enttäuscht zu werden. Aber ist es denn rational, uns von lähmender Angst auffressen zu lassen? Unser rationaler Verstand tut laufend irrationale Dinge. Sie glauben, Ihr rationaler Verstand sei dazu da, Sie davor zu bewahren, sich zum Narren zu machen. In Wirklichkeit beweist das doch nur, dass Sie ein Narr sind: Sie dreschen auf den Teil von Ihnen ein, der weiß, wie man fliegen kann. Sie plagen sich mit Selbstzweifeln und Sorgen. Seien Sie lieber ein Narr! Trennen Sie diesen rationalen Verstand von Ihrem magischen Verstand. Die rationalen Prozesse sind in ihrer Nützlichkeit begrenzt. Sie sind gut für die mechanischen, alltäglichen Aufgaben, aber sie ersticken die Magie. Verweisen Sie Ihren rationalen Verstand auf diese nützlichen Aufgaben, für die er am besten geeignet ist. Sorgen Sie sich nicht um ihn. Er ist unzerstörbar.

Der Glaube an Wunder führt uns dagegen in die tieferen Schichten, wo uns genaue Berechnungen nicht weiterbringen. Denken Sie zurück an die Zeit, als Sie klein waren. Sie wussten weniger von der Welt, aber Sie konnten sie besser fühlen. Sie konnten sich einfach auf das, was Sie gerade bewegt hat, mit absoluter Hingabe einlassen. Als Kind ist man auf ganz natürliche Weise präsenter und intuitiver. Im Laufe der Erziehung und der Indoktrination verliert man diesen natürlichen Instinkt immer mehr und wird stärker abhängig von der Vernunft. Dies ist Teil der Sozialisation, die wir alle durchmachen. Und wenn wir dann immer mehr Erfolg haben, wenn wir nach den Regeln der Logik spielen, verlassen wir uns immer weniger auf unsere Instinkte. Schließlich verlieren wir den Kontakt zur intuitiven Seite. Wir werden vollkommen abhängig von diesem erstaunlichen Apparat, unserem Gehirn.

Und wenn wir in unserem Leben und auf unserem Berufsweg Erfolge erleben, setzen wir großes Vertrauen in diesen rationalen Denkprozess. Wir verlieben uns darin, wie schlau wir sind. Und wir kultivieren diesen Teil des Geistes, während der intuitive Teil verkümmert.

Doch am Ende landen wir in Situationen, in denen uns alles Denken der Welt nicht mehr helfen kann. Das Gehirn wird das Problem drehen und wenden und doch keinen Ausweg finden – denn wir müssen unseren Weg durch dieses Dilemma, das sich nun ergeben hat, mit dem Gefühl finden. Aber wir wissen nicht mehr wie. Wir haben unser Gefühl verloren. Wir haben unsere Magie verloren. Würden Sie sie gern wiederhaben? Also los.

Natürliche Magie

Menschen sind die einzigen Geschöpfe auf der Welt, die die Natur beeinflussen und verändern wollen, um künstliche Konstrukte zu erschaffen. Unsere Wissenschaftler spalten Atome zum Bau neuer Massenvernichtungswaffen. Metalle werden erhitzt und amalgamiert. Man entdeckt neue Elemente und verbindet sie auf eine Art miteinander, an die die Natur nie gedacht hat. In unseren Gewässern und Wäldern werden neue chemische Verbindungen freigesetzt. Unsere Städte, Fabriken, chemischen Anlagen, Ölraffinerien, Computer und Kernkraft befinden sich alle im Konflikt mit dem Fluss der natürlichen Welt.

Menschen sind die aggressivste und dominanteste Spezies. Wir verändern die Natur permanent, wir zwingen den Planeten, sich unserem Willen anzupassen, wir breiten uns aus und verändern so viel wie nur möglich. Kein anderer Organismus auf der Welt kann dies tun.

Viele dieser Veränderungen der Natur durch die Menschheit sind eindrucksvoll. Und wir sind ungemein stolz auf diese Errungenschaften und lieben sie. Sie alle entstammen der großartigen Kraft unseres Gehirns. Diese künstlichen Konstrukte haben ihre eigene Magie, eine künstliche Magie. Und wir sind inzwischen weitgehend abhängig davon.

Dies ist die Magie, die aus dem jetzt herrschenden rationalen Geist kommt, dem Wachbewusstsein, der Kreativität, die dem grellen Sonnenlicht menschlicher Ambitionen entspringt. Haben Sie wirklich geglaubt, dass diese erstaunliche Hälfte Ihres Bewusstseins unfähig zur Magie sein würde?

Aber mit der Liebe zur uneingeschränkten Kraft des Gehirns geht ein gewaltiger Glaube an die Überlegenheit des logischen, rationalen Denkens einher. Und diese Anbetung des Verstandes hat unser mystisches, intuitives Bewusstsein ständig schrumpfen lassen. Die artifizielle Magie dominiert am Ende die natürliche Magie, der wir einst mit gleichem Respekt begegnet sind.

Aber sie ist immer noch für uns da, jede Nacht, wenn wir schlafen, und wartet darauf, dass wir die Tür öffnen. Zu der natürlichen Magie dieses Planeten hat unser tieferes Bewusstsein Zugang, das besonders präsent ist, wenn wir schlafen. Das ist das Land, in dem die Drachen leben und die Gesetze der Schwerkraft keine Gültigkeit haben. Wir betrachten diese Welt als eine Phantasiewelt.

Aber Sie verbringen hier dreißig Prozent Ihres Lebens. Was während des Schlafes passiert, hat auch Auswirkungen auf die Welt im Wachzustand. Die meiste Zeit kann man es nicht sehen – doch manchmal kann man es.

Der rationale Verstand sucht immer nach Gemeinsamkeiten. Er stellt Messungen und Vergleiche an und sortiert in quantifizierbare Einheiten. Er experimentiert und wiederholt und sucht empirische Beweise in wiederholbaren Phänomenen. Das tiefere Bewusstsein sieht in jedem Partikel und jeder Situation deren Einzigartigkeit. Hören Sie die zynische Stimme, die Ihnen sagt, dass Sie keine Schneeflocke sind? Das ist der allwissende Empiriker, der Sie in einer Schublade untergebracht hat. Das tiefere Bewusstsein dagegen begreift, dass jede Zelle, jedes Ereignis im Leben, jede Situation, jede Person einzigartig ist und nur einmal stattfindet: Sie sind eine Schneeflocke.

Und die natürliche Magie fließt aus der unendlichen Quelle in Ihnen. Ihr tieferes Bewusstsein versteht diese Magie. Und es versteht, dass jede Veränderung in der Umgebung ihre eigene Magie erschafft. Wir haben ständig an dieser wandelbaren Energie teil.

Denken Sie an die Stimmungen Ihres eigenen Gemüts. Nicht an die großen, weltbewegenden Emotionen, sondern die kleinen Verschiebungen, die von einem Moment zum anderen stattfinden. Verstehen Sie wirklich, was die plötzlichen Veränderungen verursacht, die wir empfinden? Wir bitten unsere Ärzte und Wissenschaftler, uns diese Frage zu beantworten. Wir müssen genau wissen, warum diese Gefühle sich ohne offensichtliche Ursache verändern. Wir suchen nach der Behaglichkeit einer Erklärung.

Aber wir werden von allem in unserem Universum beeinflusst. Psychologen könnten Ihnen vielleicht sagen, dass wahrscheinlich der hässliche Zwischenfall auf einem Parkplatz vor drei Tagen bei Ihnen einen Rest an Angst hinterlassen hat und dass dies wahrscheinlich der Grund für Ihren plötzlichen Wut- oder Melancholie-Anfall war. Oder sie machen ein Kindheitstrauma dafür verantwortlich. Niemand von ihnen würde es überhaupt in Betracht ziehen, dass der hohe quietschende Ton der Bremsen eines vorbeifahrenden Lastwagens Ihre Stimmung beeinflusst haben könnte. Oder die starken Farben der Bilder in der Lobby, die Sie gerade betreten haben, haben Ihre Stimmung verändert – oder der Geruch eines zu lange gekochten Eis, oder irgendeine Kombination von Schwingungen, die sich jeglicher Erklärung entziehen.

Wir haben alle von den Farbexperimenten gehört, die man in Gefängnissen unternommen hat, wo man die Gefangenen in einem roten und einem blauen Raum unterbrachte. Die Aggression nimmt in dem roten Raum zu, in dem blauen dagegen ab. Wenn dies von einer wissenschaftlichen Studie erklärt wird, sind wir bereit, es als Wissenschaft anzuerkennen. Warum können wir nicht akzeptieren, dass es so viel mehr im Universum gibt, was wir nicht verstehen und was ebenfalls Auswirkungen auf uns hat?

Stellen Sie sich vor, Sie sitzen in einem von Sonnenlicht erhellten Raum. Schließen Sie die Augen. Bedecken Sie Ihre Augen, sodass kein Licht hindurchkommt. Sie können immer noch die Atmosphäre des Sonnenlichts spüren. Sie spüren die Wirkung des Lichts, selbst wenn Sie es nicht sehen können.

Setzen Sie sich dann in denselben Raum ohne Licht. Schließen Sie die Augen und bedecken Sie sie wieder. Stellen Sie die gleiche Situation her. Sie können selbst die Dunkelheit spüren.

Unser Zeitgefühl verändert sich mit dem Tageslicht. Stellen Sie sich vor, Sie warten bei Tag, und jemand sagt Ihnen, dass 15 Minuten vergangen sind. Sie werden sich nichts dabei denken. Das scheint zu stimmen. Sie haben ein klares Zeitgefühl, Sie brauchen nichts in Frage zu stellen.

Warten Sie dagegen 15 Minuten in tiefer Dunkelheit. Es wird Ihnen vorkommen, als seien Stunden vergangen. Worin liegt der Unterschied? In der Wahrnehmung? Ein bisschen. Aber tatsächlich haben Licht und Dunkelheit ihre eigenen Regeln.

Lassen Sie uns den Planeten verlassen, um eine andere Perspektive einzunehmen. Was heißt bei uns ein Tag? Tag ist die Zeit, wenn der Einfluss der Sonne auf die Erde dominiert.

Ab dem Abend herrscht der Mond. Was ist Tag und Nacht? Es ist die Abfolge der Herrschaft dieser beiden Objekte im Weltraum. Dies sind zwei verschiedene Welten, die einander völlig entgegengesetzt sind. Wir werden von allem um uns herum beeinflusst. Alles gibt seine eigenen Schwingungen ab.

Wasser ist eine der geheimnisvollsten dieser Kräfte. Wissenschaftler würden gerne diese einzigartige Substanz unserer Welt erklären können, die drei verschiedene Formen annehmen kann: flüssig, fest und gasförmig.

Die geheimnisvollen Eigenschaften von Wasser werfen tausend Fragen auf. Wie kann ein Fisch etwas im Wasser wahrnehmen, was meilenweit entfernt ist? Besteht die wissenschaftliche Erklärung einfach darin, dass Wasser ein stärkerer Leiter ist von Schall, Strom, Geruch usw.? Warum ist das so?

Warum sterben wir nach drei Tagen ohne Wasser? Dehydrierung? Unser Körper besteht zu 80 Prozent aus Wasser. Selbst wenn wir einige Liter Wasser verlieren, sind wir immer noch voller Wasser. Trotzdem stirbt der Körper nach drei Tagen. Und der Mensch, der drei Tage ohne Wasser zugebracht hat, kann mit einem winzigen Schlückchen wiederbelebt werden. Wie ist das möglich? Der Körper hat geschwitzt und literweise Flüssigkeit verloren, und man wird durch kaum mehr als ein paar Schlucke wieder zum Leben erweckt?

Wasser ist die große mystische Kraft. Seine Macht ist den Wissenschaftlern verborgen. Neben der Eigenschaft, ein guter Leiter der bekannten Elemente zu sein, ist Wasser auch ein machtvoller Leiter von Magie.

Alle Elemente, die Tageszeit, die Sterne, die Landschaft, die Flora um uns herum – alle sind Teil der natürlichen Magie. Auch Sie sind ein Teil dieser Magie. Und Ihr tieferes Bewusstsein weiß das.

Die Kraft des tieferen Bewusstseins

Wir haben viele Theorien darüber gehört und gelesen, dass wir nur 50 Prozent unseres Gehirns nutzen, oder 20 Prozent, oder 10 oder 5. Es kommt nicht auf die Zahl an, wir haben jedenfalls alle das Gefühl, dass uns etwas fehlt. Wir sind nicht effektiv genug. Wie oft haben Sie schon gesagt: «Wenn ich nicht schlafen müsste, könnte ich alles schaffen, was ich tun muss.»

In Wahrheit arbeitet Ihr Gehirn die ganze Zeit. Es bewältigt in jeder Sekunde, in der Sie atmen, Billionen von Aufgaben und Berechnungen. Jede Zelle in Ihnen arbeitet unaufhörlich, ohne auch nur eine Millisekunde Pause zu machen.

Uns fehlt offensichtlich aber der Zugang zu dieser ungeheuren Quelle, den wir so gerne hätten.

Wie können wir also diese immensen Kräfte anzapfen?

Aber das tun wir bereits! Jede Nacht, wenn wir schlafen gehen, arbeitet unser Gehirn an all den Dingen, die wir zu erledigen haben.

Hier ist das tiefere Bewusstsein am Werk. Der größte Teil dieser unbewussten Tätigkeit besteht darin, die Verzerrungen und von Sorgen infizierten Schwingungen vom vergangenen Tag zu beseitigen. Wenn wir aufwachen, sind wir zunächst in diesem gereinigten Zustand, den wir erhalten haben – für sehr wenige Sekunden. Aber dann greift das Bewusstsein ein und macht häufig die große Arbeit zunichte, die wir im Schlaf verrichtet haben.

Wir müssen lernen, wie wir dieser Gehirntätigkeit im Innern nicht im Weg stehen, und diese ihren Zauber tun lassen. Wir müssen unsere bewussten Prozesse weiterentwickeln, sodass wir spüren können, was alles um uns herum ist. Ihr Bewusstsein ist die rationale Instanz, die an der Oberfläche Ihrer Welt agiert. Das ist dort, wo Ihr Ego herrscht. Wie leicht wird es doch durch die kleinen Eifersüchteleien und Ängste beeinflusst, die uns wie psychische Viren infizieren! Das tiefere Bewusstsein sagt zu allem ja. Es ist Ihr Verstand, der die Maschine abstellt.

Es ist leicht, Ihr tieferes Bewusstsein mit widersprüchlichen Botschaften zu verwirren, aber es wird dennoch tätig sein und versuchen, den Befehlen zu gehorchen und den besten Weg für Sie zu finden. Dabei wird es die meiste Zeit vom rationalen Verstand unterlaufen.

Genau das wissen die Werbefachleute bereits schon den größten Teil des letzten Jahrhunderts; deshalb sind sie so erfolgreich darin, die Leute dazu zu bewegen, allen möglichen Schrott zu kaufen, den sie nicht brauchen oder, wenn sie darüber nachdenken würden, nicht einmal möchten. Der Samen wird Ihnen ins Unbewusste eingepflanzt – Sie möchten eine Cola – und die Maschine beginnt zu rattern, damit Sie sie bekommen.

Dies sind die praktischen Wege, wie unsere Gedanken gegen uns benutzt werden. Aber wir benutzen unsere Gedanken auch gegen uns selbst.

Nichts Gutes ist jemals durch Denken entstanden. Diese pauschale, scheinbar anti-intellektuelle Aussage soll Sie ein bisschen provozieren. Aber sie ist auch wahr. Was für eine absurd klingende Vorstellung! Wie kann ich meine wichtigste Gehirnarbeit leisten, ohne zu denken? Wie soll mein Verstand wissen, woran er arbeiten soll?

Alle großen Köpfe der Geschichte haben gesagt, dass ihre größten Schöpfungen entstanden, wenn sie in der Lage waren, ihren bewussten Gedankenprozess beiseite zu schieben und in einen Fluss zu kommen. Der Verstand schaltet ab und das tiefere Bewusstsein verströmt ganz natürlich seine Gaben. Und in uns allen steckt ein Genie.

Und so funktioniert der Mechanismus: Ihr Bedürfnis, kreativ zu sein oder ein Problem zu lösen, erschafft einen Wunsch. Dieser Wunsch ist eine Kraft mit ihren eigenen Schwingungen und ihrer eigenen Sprache. Von dem Moment an, in dem der Wunsch geboren wird, setzt er automatisch einen Prozess des tieferen Bewusstseins in Gang, das unverzüglich mit der Architektur der Erfüllung dieses Wunsches beginnt.

Zu viel zu denken, würde an diesem Punkt nur die Magie blockieren. Jeder hat diesen obsessiven Mechanismus, das übermäßige Denken, schon kennengelernt. Sie wollen Ergebnisse, und Sie denken und denken und denken, und Ihr Glaube an harte Arbeit und Ihr kompetentes Gehirn verleiten Sie dazu, zu glauben, dass nur genügend viele von diesen Gedanken zur Antwort führen werden.

Es verhält sich genau umgekehrt. All diese zwanghaften Gedanken erschaffen eine Barriere, eine große Mauer, die sich zwischen Sie und Ihre Inspiration stellt. Gehen Sie aus dem Weg.

Das gleiche Problem des übermäßigen Denkens steht auch dem Fluss der natürlichen Magie im Weg. Wir haben alle schon einmal ein kleines Aufblitzen von Magie erlebt. Trotzdem bezweifeln wir diesen Vorgang. Hab ich wirklich etwas gefühlt, oder habe ich es mir nur eingebildet? Beides. Diese Magie beginnt in Ihrer Vorstellungskraft. Ihre winzigen Schritte beginnen als kleine Ahnungen, die durch Ihre Selbstzweifel und Ihre ständige Sorge einfach wegerklärt werden. Und da wird der Weg plötzlich blockiert.

Machen Sie sich keine Gedanken darüber, ob Sie wirklich Magie erleben oder ob dies nur in Ihrem Kopf stattfindet. In Ihrem Kopf beginnt sie jedenfalls.

Hier die Geschichte eines Meisters und seines Schülers: Der Lehrer fragte den Schüler nach seiner Lieblingsblume, und dieser erwiderte: Freesien. Der Lehrer hielt ein Glas Wasser in der Hand. Sie dachten beide sehr lange an Freesien. Dann roch der Lehrer an dem Glas, und das Wasser duftete stark nach frischen Freesien. Er reichte das Glas dem Schüler. Er roch ... Wasser. Keine Blume. Er hatte Zweifel, aber der Lehrer war geduldig. Er bat den Schüler, nur seine Phantasie einzusetzen. Sie versuchten es mehrere Male – keine Freesien. Sie tauschten die Blumen aus und probierten es mit einer Rose. Und schließlich roch der Schüler die Rose. Nur eine schwache Spur. Er zweifelte daran und sog den Geruch noch einmal tief ein. Er redete sich ein, dass es nur Einbildung wäre. Sie wiederholten es. Er konnte die Rose stärker riechen. Was war das? Spielte ihm sein Verstand einen Streich? Darauf kommt es nicht an.

Magie beginnt in Ihrer Phantasie. Sie ist die aufkeimende Manifestation des Wunders. Mit der Übung wächst die Magie. Sie hat langsam einen stärkeren Effekt auf die «reale» Welt. Belasten Sie sich nicht damit, sich zu fragen, ob Sie sich alles nur einbilden. Sie bilden sich alles nur ein – am Anfang. Und je mehr Sie es sich einbilden, desto stärker wird dieser «Magie-Muskel» und desto größer ist sein Einfluss auf die Welt um sie herum. Sie machen Ihre Übungen und füttern Ihr inneres und äußeres Bewusstsein mit Phantasie. Phantasie ist der erste Schritt in diesem Prozess. Das ist der Muskel, den Sie trainieren wollen. Stellen Sie nicht die Frage, ob Sie phantasieren oder nicht. Was immer Sie denken, Sie haben recht.

Aus diesem Grund gibt es überhaupt Phantasie: um die Magie zu nutzen. Wir betonen das, weil dieser kleine Virus des Zweifels unsere ganze Reise infizieren kann und wir dann die Prozesse einstellen, die wir eigentlich ins Leben rufen wollen.

Lassen Sie den Zweifel nicht zu einem Teil des Prozesses werden. Sagen Sie sich von Anfang an, dass dies alles Phantasie ist, und befreien Sie sich von der Last des Selbstzweifels. Und am wichtigsten ist: Wenn das erste kleine Wunder auftaucht, befreien Sie sich von dem Zweifel, ob das Wunder real war oder nur ein Zufall.

Es ist immer ein Wunder. Sie haben jeden Tag an einem unglaublichen Wunder teil.

Hören Sie auf zu denken. Ihr Verstand hat Besseres zu tun.

Die Magie geschieht in der Nacht

Seit den ersten Tagen der frühesten Zivilisation, beginnend bei unseren eigenen Wurzeln, wurden kleinere und größere Ereignisse der Magie zugeschrieben. Der ganze Rhythmus des Lebens von Geburt, Tod, Krankheit, Wohlstand und Seuchen fiel unter den Einfluss des Zaubers großer magischer Kräfte. Die frühe Menschheit war sich wohl bewusst, dass alles ein Wunder war. Magie war überall, ein integraler Bestandteil des Lebens. Medizinmänner und weise Frauen zelebrierten Alltagsmagie, Zauber gegen Krankheit und für die Fruchtbarkeit, Liebeszauber und Wohlstandszauber.

Die großen Zauber wurden von den Hexenmeistern des Hofes ausgeführt: die Zauber-Medizin der Stammesfürsten. Und sie wurde von den Herrschern dringend gebraucht. Für sie war es wichtig, dass man sehen konnte – und dass sie selbst fühlten –, dass sie einen besonderen Pakt mit dem Kosmos hatten, dass ihre Götter direkt neben ihnen standen. Die Menschen blieben ihren Führern treu, wenn sie glaubten, dass der Zauber mit ihnen war. Sie folgten ihnen nur in die Schlacht, wenn sie darauf vertrauen konnten, dass die Magie auf ihrer Seite war.

Von Anfang an waren die Könige und Stammeshäuptlinge sich darüber im Klaren, dass sie sich, sollten diese vergänglichen Kräfte sie jemals verlassen, im Kochkessel oder unter dem Beil wiederfinden würden. Und sie beschäftigten Zauberer und Schamanen, um die Götter zu beeinflussen und ihre Macht zu erhalten und zu vergrößern.

Die Zauberer woben an den großen magischen Sprüchen und kreierten neue Rezepte, die ihren Herrschern metaphysische Unterstützung gegenüber ihren Feinden verliehen.

Diese Geisterbeschwörer am Hofe wussten, dass man «Göttern» nicht im äußeren Kosmos begegnet, sondern im Bereich der tiefsten Innenwelten. Sie wussten, dass die wahre Macht im Bereich des tieferen Bewusstseins anzurufen war.

Und sie wussten, dass der Zugang zu dieser inneren Welt nachts geschieht. Deshalb fanden ihre Rituale meistens in der Nacht statt, wenn der Lärm des Tages sich verflüchtigt hatte und man Einlass in die magische Welt der Nacht fand.

Denken Sie an die Märchen aus Ihrer Kindheit. Nachts tun alle Elfen ihre magische Arbeit, spinnen Gold, weben Zaubermäntel und flicken wundersame Schuhe zusammen. Am Tag liegen all diese Handarbeiten für die Prinzessin oder den König bereit.

All diese Geschichten transportieren das gleiche Wissen in der Sprache der jeweiligen Kultur. Es ist die Sprache der Götter. In der frühesten Zivilisation waren es Höhlenzeichnungen, die Bilder direkt aus dem tieferen Bewusstsein mit der unbekannten Welt verbanden. Die alten Griechen und Ägypter benutzten eine mächtige Symbolik der Göttergestalten, um die Geschichten ihrer Kosmologie zu erzählen. In Zeiten von religiöser Unterdrückung sprachen diejenigen, die Magie praktizierten, in Codes. Jetzt benutzen wir eine andere, mehr New-Age-orientierte Sprache, um uns der Magie, die sich uns zu entziehen scheint, wieder anzunähern.

Betrachten Sie sich selbst als eine Zauberfabrik. Sie sind der Boss, und die Nacht-Elfen sind die Arbeiterinnen. Sie stellen Ansprüche, stehen allen im Weg. Und dann gehen Sie nach Hause, trinken einen Martini und gehen Ihrer Familie auf die Nerven. Nachts tun die Arbeiterinnen ihr Werk. Und wenn Sie am nächsten Tag nicht alles kaputt machen, beginnt der Zauber zu wachsen.

Hier liegt das wahre Geheimnis. Sie bekommen mehr von Ihrer Software, wenn Sie das Programm nachts richtig laufen lassen. Unser tieferes Bewusstsein weiß genau, wie es alles ausführen kann, was wir von ihm wollen. Während wir schlafen, werden enorme Kräfte frei, wenn das Bewusstsein herunterfährt und dem tieferen Bewusstsein die Führung überlässt.

Hier halten sich unsere Schutzengel versteckt.

Unsere inneren Engel sind ständig dabei, zu kalkulieren und Anordnungen zu treffen, um für uns das Beste von dem zu erreichen, was wir uns nur wünschen können. Aber unsere äußeren Bedingungen stören ständig diesen machtvollen inneren Prozess. Unser tieferes Bewusstsein weiß, wie es uns das Glück verschaffen kann, das wir suchen. Doch unser oberflächliches Bewusstsein definiert ständig neu, wie dieses Glück aussehen sollte, und ist häufig in Konflikt mit unserer inneren Natur. Wir zerstören im Grunde, worum wir uns so bemühen.

Die künstlichen Konstrukte, neurotischen Gedanken, Business-Pläne, Sorgen, unnötigen Anstrengungen und Ängste, die wir in unserem Wachzustand erschaffen, behindern den Fluss des «natürlichen Bewusstseins». Einige dieser künstlichen Konstrukte könnten auch die Ziele sein, die wir zum Erreichen des Glück für notwendig halten. Aber das tiefere Bewusstsein weiß es besser, und oft findet in unserem Innern ein unterschwelliger Kampf statt, wenn unsere guten Instinkte, die uns schützen wollen, gegen unsere anderen Wünsche zu Felde ziehen. Wir wollen unseren Fluss der natürlichen Magie mit unseren Wünschen in Einklang bringen.

Das Training zum Erreichen Ihrer Wünsche ist recht einfach. Der Wunsch ist dabei der erste Punkt auf der Tagesordnung. Sie werden alle anderen Punkte um diesen Wunsch herumgruppieren. Sie werden lernen, wie Sie Ihren Wunsch richtig formulieren. Machen Sie Ihr Statement und gehen Sie aus dem Weg. Sie können nichts erzwingen. So untergraben Sie nur Ihre innere Arbeit.

Während Sie schlafen, wird Ihr inneres Bewusstsein genau die richtigen Anordnungen vornehmen, die in Resonanz mit der Außenwelt stehen und Ihre Wünsche zum Leben erwecken. Dies passiert tatsächlich, wenn Leute manifestieren. Es ist nicht so, dass das Universum Ihr persönlicher Weihnachtsmann wäre. Vielmehr können Sie sich mit dem Universum in Einklang bringen, um anzuziehen, was Sie haben wollen.

In der Nacht bildet das tiefere Bewusstsein ein Mikro-Universum um Ihren Wunsch herum. Dieses Mikro-Universum kommuniziert mit dem Makro-Universum. Und in der Präzision des Mikro-Universums liegt die Magie. Dies ist das Signal, das ausgesendet wird. Dies ist die Beschaffenheit des Signals, das in das Universum hinausstrahlt. Am nächsten Morgen müssen Sie auf Ihren natürlichen Magie-Prozess hören. Lernen Sie, wie Sie hören können, was Ihnen Ihr Unbewusstes in der Nacht erzählt. Ihre Arbeit am Tag besteht darin, den Samen keimen zu lassen. Er ist schon gepflanzt. In der Nacht weiß Ihre innere Maschine genau, was damit zu tun ist. Alles wird sich perfekt fügen. Sie werden vor fehlerlos eingestellten Mikro-Gedanken summen, die senden und empfangen und mit dem Universum interagieren.

Die Anatomie eines Wunsches

Wir alle wollen, dass unsere Träume wahr werden. Haben Sie sich schon einmal gefragt, was passieren muss, damit das Universum Ihre Wünsche erfüllt? Zapfen wir irgendeine Ader universeller Liebe an, die uns mit ihren Segnungen überschütten möchte? Wir wünschen und wünschen. Und wir bitten und drängen, und manchmal betteln wir auch den Kosmos an, fordernd oder auch flehend. Und wir tun das immer und immer wieder. Und immer noch sind wir nicht zufrieden. Also wiederholen wir das Ganze und fragen uns, was schief gelaufen ist. Ist Gott unseren Bedürfnissen gegenüber etwa gleichgültig?

Wir wollen versuchen, das zu verstehen. Was passiert, wenn Sie einen Wunsch formulieren? Eine Menge – und gleichzeitig meistens nichts. Der größte Teil unserer Wünsche sind Phantasien darüber, wie wir von der Gesellschaft gesehen werden wollen. Unser Geist ist mit diesen selbst erzeugten Vorstellungen beschäftigt, die schließlich zu Gedanken werden, die wir besitzen.

Wenn unsere Wünsche nicht erfüllt werden, liegt das an einer falschen Vorstellung dessen, was bei einem solchen Prozess geschieht. Die falsche Vorstellung, die allen Büchern über das Manifestieren gemeinsam ist, besteht darin, dass man sich mit seinen Wünschen gut fühlen muss. Wann immer Sie einfach nur an einen Wunsch denken, werden Sie von Emotionen überwältigt.

Ein richtiger, dynamisch wirksamer Wunsch ist aber einfach nur ein Auslöser. Das wahre Geheimnis ist, dass Ihr Wunsch die Befehlsform von Gedanken ist, die auf die richtige Weise miteinander verbunden sind. Das ist die Art und Weise, wie Zauberer einen Wunsch formulieren: als einen Befehl; in der richtigen Form und unabhängig von Emotionen. Ihr Wunsch in Befehlsform ist eine Explosion von Energie, die sowohl nach außen als auch nach innen ausstrahlt, wie eine Kugel auf ihr Ziel zufliegt und die Vibrationen des Rückstoßes gleichzeitig nach innen wirken.

Wünsche werden im wachen Bewusstsein geboren. Wir denken, sie kommen aus dem tiefen Innern. Im Gegenteil, das tiefere Bewusstsein äußert keinen Wunsch. Es befasst sich nur mit Bedürfnissen. Das tiefere Bewusstsein arbeitet unablässig an den Befehlen, die von Ihrem Wachbewusstsein kommen. Es versucht sein Bestes, um den Wunsch in Erfüllung gehen zu lassen. Aber seine erste Priorität sind Ihre Bedürfnisse. Es ist vor allem auf die Bedürfnisse Ihres Systems eingestellt. Und sehr oft stimmen Bedürfnisse und Wünsche nicht überein. Dann wird das tiefere Bewusstsein versuchen, den Wunsch auf der Grundlage der inneren Bedürfnisse zu erfüllen. Ist Ihr Wunsch in Erfüllung gegangen? Ja und nein. Etwas hat sich verändert. Aber es erfüllt nicht unsere Erwartungen. Es gibt einen Konflikt.

Große Zauberer wissen, wie man Bedürfnisse und Wünsche miteinander vereinbart. Egal, wie sehr Sie auch denken, dass es «notwendig» sei, Ihre Wünsche zu erfüllen – dies sind keine realen Notwendigkeiten. Wenn Sie am Verhungern sind, wünschen Sie sich kein Essen – Sie brauchen es ganz einfach. Und dies löst einen tieferen, grundlegenden Antrieb aus, der all Ihre Kräfte mobilisiert, diese lebenserhaltende Substanz zu bekommen. Sie sitzen nicht herum und phantasieren über Essen. Sie gehen hinaus und holen es sich. Oder kommen bei dem Versuch um.

Denken Sie über die Dinge nach, die Sie sich wünschen. Brauchen Sie sie wirklich? Nein. Sie möchten sie haben. Und die Aufgabe, die vor Ihnen liegt, besteht darin, Ihr tieferes Bewusstsein mit Ihrem Ziel in Einklang zu bringen. Ihre Wünsche kommen von Ihrer Persönlichkeit, einer Kombination aus Ego und Emotionen. Ihr tieferes Bewusstsein kann sich Ihrer Wünsche annehmen, aber es braucht einiges an Geschick, um die inneren Engel dazu zu bringen, mit Ihren Macken zu arbeiten.

Es gibt zwei grundlegende Arten von Wünschen. Eine für die Seele – die andere für das Materielle. Es wird ein anderes Buch für die Seelenwünsche geben. Im Moment lassen Sie uns über das Materielle sprechen. Wenn Sie sich einen neuen Mercedes wünschen, betrifft das nicht das physische Universum in dem Sinne, dass der Mercedes von allein zu Ihnen angefahren käme, sondern Sie erschaffen Bedingungen, unter denen mehr Menschen und mehr Energie dazu gebracht werden, Ihnen zu helfen, diesen Mercedes zu bekommen. Alle Ihre Wünsche benötigen die Hilfe von Menschen, um realisiert zu werden. Selbst das Universum braucht ihre Hilfe, wenn es darum geht, Ihre Träume zu erfüllen. Sie wünschen sich einen neuen Job, und da gibt es einen Chef und diverse andere Menschen in der Personalabteilung, die diesen Prozess steuern. Das meiste von dem, was hier unterstützend wirken kann, muss von ihnen kommen. Und das Universum kann den Willen der Menschen nicht nach Ihren Prioritäten beugen.

Sie versuchen zu erreichen, dass das Universum auf Ihren Frequenzen schwingt und Ihre Wünsche manifestiert. Aber es ist sehr wichtig, daran zu denken, dass diese anderen Menschen einen großen Part bei Ihren ehrgeizigen Plänen spielen. Haben Sie sie berücksichtigt, wenn Sie das Universum darum bitten, Ihnen Ihre Wünsche zu erfüllen? Wie stark bedenken und schätzen Sie die anderen Mitspieler in dem Stück über Ihre Traumzukunft? Immerhin bitten Sie sie, nach Ihrer Musik zu tanzen.

Wenn Ihnen Ihr Traum wirklich wichtig ist, investieren Sie Zeit. Üben Sie. Glauben Sie nicht all jenen Versprechungen, das Universum würde danach lechzen, Ihnen alles in den Schoß zu legen. Das Universum hat kein persönliches Interesse an Ihren Wünschen. Es liegt an Ihnen zu lernen, sich auf die Schwingungen des Universums einzustellen – nicht umgekehrt.

Tun Sie Ihre Arbeit. Wir sind sicher alle der Ansicht, dass vier bis acht Jahre Studium an einer Universität nötig sind, um den höheren Abschluss zu erlangen, durch den man einen besseren Job bekommt. Das ist ganz schön viel Ausbildung. Ihre Wünsche erfordern im Vergleich dazu einen infinitesimalen Aufwand. Wenn Ihnen jemand erzählen würde, dass Sie in sechs Monaten einen Doktortitel erlangen könnten, würden Sie sagen: «Wo muss ich unterschreiben?» Was sind also sechs Monate zum Erreichen Ihrer größten Träume?

Nehmen wir mal an, Sie wollen Präsident werden. Sie haben Ihren inneren Engeln gerade eine verdammt schwere Aufgabe gegeben. Da werden sie Überstunden machen müssen. Sie müssen sie ein wenig unterstützen. Zuerst einmal müssen Sie sich selbst genau einschätzen. Sind Sie wirklich bereit, Präsident zu werden? Haben Sie die entsprechende Erfahrung? Das Ansehen? Ein Netzwerk von Unterstützern? Wenn Sie keine Erfahrung in der Politik haben, kann nicht einmal eine ganze Heerschar an Schutzengeln Sie von der Couch heben und im Weißen Haus absetzen. Sie müssen bei diesem immens ehrgeizigen und unrealistischen Traum realistisch bleiben. Aber alles ist möglich. Ihr großer Wunsch wird eine Reihe von Unter-Wünschen auslösen – Meilensteine, die erreicht werden müssen, um Ihren Gipfel zu erklimmen. Ihr erster Schritt könnte darin bestehen, sich in der Lokalpolitik zu engagieren und etwa konkrete Aufgaben in der Gemeinde zu übernehmen. Vielleicht schaffen Sie es ins Rathaus der Stadt. Schließlich können Sie sich bis zu den politischen Gremien Ihres Staates und dann des ganzen Landes hocharbeiten. Wenn das hier nach dem üblichen Aufstiegsplan klingt, in der Politik Bekanntschaft zu erlangen – das ist er auch. Dieser Plan macht zuerst einmal die Bedeutung der Zeit deutlich. Alles passiert zur rechten Zeit. Man kann nicht von der Universität ins Weiße Haus hüpfen. Es gibt eine ganze Reihe von einzelnen Schritten.

Auf dem Weg zum Präsidenten benötigen Sie eine Menge Magie zusammen mit Jahren unvorstellbar harter Arbeit. Und wenn auch alles möglich ist, möchten Sie vielleicht Ihre ehrgeizigen Pläne noch einmal überprüfen. Machen Sie jetzt den ersten Schritt.

Üben Sie sich zehn Tage lang in den Grundlagen zur Erzeugung des richtigen inneren Zustands. Sie werden die Resultate sehen können. Nach dreißig Tagen werden Sie fortgeschrittener sein, und nach sechs Monaten sind Sie ein Meister in der Anwendung dieser Techniken. Die ganze Zeit über werden Veränderungen stattfinden; Veränderungen, die Sie sehen können, und Veränderungen, die nicht unmittelbar zu sehen sind. Bleiben Sie bei Ihren Übungen. Hören Sie nicht auf. Machen Sie sich bewusst, was Sie wirklich wollen und welche Zeitspanne realistisch sein könnte, um diese Wünsche umzusetzen.

Das Erste, was Sie lernen werden, ist, neutral zu werden. Dieser klare Zustand der Neutralität ermöglicht es Ihren inneren Engeln, ihre Arbeit zu tun. Und er ermöglicht Ihnen, die Neuartigkeit eines jeden Moments voll zu genießen. In dieser Neutralität besteht für Ihren Wunsch die perfekte Atmosphäre, um zu wachsen. Wenn Sie Ihren Wunsch erst einmal formuliert haben, ist das Beste, was Sie tun können, eine reine Umgebung für die Schwingungen zu schaffen, sodass sie Strahlen aussenden und sich verstärken können.

Seien Sie nicht wie ein Kind, das zwei oder drei Mal versucht, etwas gut zu machen, und dann aufgibt. Sie sind näher dran, als Sie glauben. Und es wird zur richtigen Zeit passieren. Nach zehn Tagen Vorbereitung mit Ihrem Arbeitsbuch, der genauen Identifizierung und dem genauen Verständnis Ihres Wunsches sowie der Formulierung des genauen Befehls machen Sie Ihre Angaben und drücken auf den Auslöser. Die Suppe kocht.

Wie Sie wünschen

«Beginnen Sie heute! Manifestieren Sie sich ein neues Auto! Einen neuen Job! Mehr Geld! Einen neuen Ehepartner! Ein riesiges Haus! Es ist einfach! Das Universum möchte, dass Sie im Überfluss leben!» Wie funktioniert das bei Ihnen?

Sie lesen dieses Buch, weil Sie bis jetzt nicht den Erfolg bei der Manifestierung haben, den Sie sich erhofft hatten.

Ein Grund dafür liegt darin, dass wir nur Vorstellungen und Techniken annehmen, die uns angenehm sind. Denken Sie einmal darüber nach. Wenn der Sprecher des Universums versprechen würde, dass Sie sich Ihre Wünsche erfüllen könnten, dass dies aber einiges an extrem mühseliger und unbequemer Arbeit von Ihrer Seite erfordern würde, würden Sie es überhaupt versuchen? Was ist, wenn man Ihnen sagte, die Erfüllung Ihrer Wünsche erfordere ein höchst negatives Verhalten? Was würden Sie dazu sagen? Was, wenn man unzählige attraktive Sprecher auflisten würde, die schwören, dass ihr Leid und ihre Negativität perfekt ihre Wünsche unterstützt hätten und sie alle in Erfüllung gegangen sind? Würde jemand von uns dort mitmachen? Wohl kaum.

Nein, wir wollen damit nicht sagen, dass Negativität die Antwort ist. Sie ist es keinesfalls. Und wir sagen auch nicht, dass wirkliches Manifestieren eine Qual ist. Aber es ist auch nicht dieser einfache Wohlfühlprozess, den man uns verkaufen will.

Die Manifestation Ihrer Wünsche erfordert ein Training, das wir intuitiv als etwas empfinden, was unserem Wunsch nach Bequemlichkeit zuwiderläuft.

Sie erfordert die Formulierung eines Befehls, den Sie nicht mit Ihren Emotionen füttern dürfen, weder mit positiven noch mit negativen.

Der Arbeitsteil dieses Buch führt Sie durch jeden Schritt dieses Prozesses. Das wird so aussehen:

Die Vorbereitung: Reinigen Sie Ihren Geist; machen Sie ihn bereit für die Magie. Sie nehmen einen Gedanken für sich mit in die Nacht.

Was auch immer Ihr Traum ist – Sie werden ihn in seine Bestandteile zerlegen müssen. Zuallererst müssen Sie Ihren Wunsch klar umreißen. Ist es ein langfristiges oder ein kurzfristiges Ziel? Wenn es ein kurzfristiges Ziel ist: Waren Sie realistisch in Bezug auf die Zeit, die Sie ihm geben? Wer sind die Menschen, die mit ihrem Wunsch in Berührung kommen werden? Kennen Sie deren Eigenschaften?

Wenn Sie zum Beispiel ein großartiges Projekt verwirklichen wollen, eine neue Firma, einen Film, eine Erfindung – was braucht man für diesen Wunsch am meisten? Brauchen Sie jemanden, der ihn finanziert? Wie sieht Ihr Geldgeber aus? Ist die Person männlich oder weiblich? Wie alt ist er oder sie? Was für ein Persönlichkeitstyp? Je genauer Ihre Vorstellung von der Person ist, die Sie suchen, desto klarer ist das Bild, das Sie Ihrem tieferen Bewusstsein vermitteln können. Sie werden jetzt sicher sagen: Das ist mir doch egal, wie der Geldgeber aussieht. Ich möchte nur das Geld für mein Projekt. Aber das bringt die richtige Person nicht zu Ihnen. Es könnte sogar die falsche Person anziehen – und mit ihr eine ganze Reihe neuer Probleme. Beginnen Sie damit, die besten Leute für Ihr Projekt zu erspüren. In Ihrem Innern wissen Sie, wer diese sind. Sie können Ihre Gegenwart intuitiv fühlen, also konzentrieren Sie sich auf sie. Leiten Sie sie zu Ihnen.

Bevor Sie mit dem Wünschen beginnen, versuchen Sie, zu entscheiden, ob es wirklich um Ihren Wunsch geht – oder um Ihre Komplexe oder Ihren Neid. Was Sie für Ihren Wunsch halten, könnte einer negativen Geisteshaltung entspringen.

Wenn Sie sich wünschen, ein größeres Auto zu haben, weil Ihr Rivale ein besseres Auto hat, ist das eine negative Haltung. Wut, Ärger und Neid stehen der Magie im Weg, die Sie anwenden wollen. Machen Sie sich davon frei. Ihre Wünsche sollten positiv und gut für Ihre Lebensentwicklung sein, kein Produkt Ihrer Komplexe. Beschränken Sie sich nicht auf das, was Sie erwarten, sondern erweitern Sie Ihre Sichtweise. Vielleicht gibt es für Sie da draußen etwas Besseres, und Ihr tieferes Bewusstsein weiß das. Es gibt mehr im kosmischen Einkaufszentrum, als Sie sich jemals vorgestellt haben. «Bereichern» Sie sich. Suchen Sie sich aus dem großen Angebot aus, was Sie möchten.

Stellen Sie sicher, dass Sie sich intensiv damit auseinandergesetzt haben, was Sie sich eigentlich wünschen. Ihr tieferes Bewusstsein wird daran arbeiten, Ihnen diesen Wunsch zu erfüllen. Seien Sie sehr klar und exakt bei dem, woran Sie arbeiten müssen. Sie können nicht sagen, Sie möchten einen Film machen, und von Ihren inneren Engeln erwarten, dass sie Ihnen ein 200-Millionen-Dollar-Budget mit erstklassigen Filmstars präsentieren. Sie könnten zunächst einfach erstmal eine Videokamera geliefert bekommen.

Wenn Sie Ihren Befehl erst einmal formuliert haben, können Sie ihn nicht durch Umdenken, Zusätze und Änderungen modifizieren: Ich möchte ein neues Haus. Oh, Moment, ich hätte gern eine neues Haus mit blauen Fenstern. Oh, und ich möchte auch, dass es 300 Quadratmeter groß ist – mindestens. Oh, und ich muss einen Swimmingpool haben. Und einen Gästeflügel. Sie bringen nur alles durcheinander und verwässern Ihren Wunsch. Das erzeugt Chaos und die Gewindegänge der Maschine werden blockiert.

Wenn Sie ein klares Bild von Ihrem Wunsch haben, müssen Sie ihn so präzise wie möglich formulieren und in einen Befehl umwandeln. Er ist dann keine vage Phantasie mehr. Er ist ein Befehl, der eine innere Explosion hervorrufen wird. Diese Explosion wird in die Welt ausstrahlen, und nichts kann sie aufhalten.

Noch einmal: Ihr richtig formulierter Wunsch ist der Auslöser, der den Verstärkungsprozess in Gang setzt – zuerst eine Verstärkung durch das Gehirn, dann eine Verstärkung durch den Körper und schließlich eine Verstärkung durch das Universum.

Wenn Sie den Wunsch im tieferen Bewusstsein auslösen, beginnt der Prozess. Der erste Tagesordnungspunkt dabei ist die Erzeugung einer passenden Palette an Emotionen in Ihrem Körper. Ihr tieferes Bewusstsein weiß genau, wie man das macht. Die Harmonie dieser Emotionen ist die Musik Ihres Wunsches, die Ihr Körper verstärkt. Hier müssen Sie vorsichtig sein. Denn die Stärke dieser Emotionen wird durch Ihren Körper so erhöht, dass es Sie vollkommen überwältigen kann. Jetzt ist es an der Zeit, Ihre Emotionen so weit wie möglich zu beherrschen, wenn es um Ihre Wünsche geht.

Dies ist eine wichtige Unterscheidung, die im Widerspruch zu dem steht, was die anderen Manifestationstechniken behaupten. Wir sollen uns «gut fühlen», wenn wir unseren Befehl dem Universum zukommen lassen. Positiv zu sein, ist auf jedem Gebiet eine sehr wichtige Kraft. Negative Gedanken vergiften unseren Geist und infizieren unsere Umgebung. Eine positive Einstellung steckt auch unsere Umgebung an, aber auf positive Weise.

Vergessen Sie nicht, dass positiv zu sein eine Emotion ist. Und Emotionen ändern sich mit der Windrichtung. Ja, es ist sehr gut, positiv zu bleiben; Ihr Optimismus wird zu einem großen Teil positive Ergebnisse anziehen. Eine positive Einstellung kann Ihr Schiff stabilisieren, wenn es von einem Sturm an negativen Einflüssen bombardiert wird. Positive Emotionen erzeugen hervorragende Schwingungen, mit denen wir die Dinge anziehen können, die wir im Leben haben wollen. Aber wie die negativen Emotionen auch müssen sie kontrolliert werden. Oh, wie kann man denn zu viele positive Emotionen haben? Genau so, wie man zu viele Süßigkeiten essen kann. Positive Emotionen schaffen eine Hochstimmung. Und ALLE Hochstimmungen machen süchtig. Süchte verbreiten sich in unserem System, und scheinbar fühlt sich das gut an. Aber nichts fühlt sich die ganze Zeit gut an. Ja, bleiben Sie positiv. Aber Sie brauchen Ihr tieferes Bewusstsein nicht damit zu füttern. Erlauben Sie sich, neutral zu werden. Dieser reine Zustand ermöglicht es Ihren inneren Engeln, ihr Bestes zu tun.

Das Denken an Ihren Wunsch, selbst in positiver Weise, kann Sie unruhig machen. Diese Unruhe ist hinderlich. Je mehr Sie Ihrem Wunsch aus der Bahn gehen können, desto bessere Chancen haben diese Schwingungen, rein zu bleiben, fokussiert, und mächtig.

Sobald Sie Ihren Wunsch formulieren, beginnt Ihr innerer Mechanismus mit der Verstärkung und Übertragung. Diese verstärkte Schwingung wird von anderen Menschen sowohl auf der bewussten als auch auf der unbewussten Ebene aufgenommen. Sie werden Veränderungen bei Ihnen bemerken. Sie sind magnetisiert. Und Ihr tieferes Bewusstsein arbeitet immer weiter, verstärkt das Signal und projiziert es immer weiter in die Atmosphäre. Denken Sie daran, dass Energie niemals verloren geht.

Sie müssen lernen, wie Sie dieses machtvolle Signal, das Sie gerade erzeugt haben, nicht beeinflussen. Das Universum schwingt mit diesem Wunsch und macht ihn stärker.

Nun kommt ein weiterer schwieriger Part: Visualisieren Sie Ihren Wunsch nicht. Ja, Sie haben von allen Gurus gehört: Visualisieren Sie!

Je mehr Sie visualisieren, desto mehr Emotionen haften Ihrem Wunsch an und desto unruhiger und blockierter werden Sie selbst. Es herrscht mehr Durcheinander. Es klingt wunderbar, lebensbejahend, sehr positiv. Aber es behindert nur. Sie haben bereits genug visualisiert. Der Prozess läuft. Jedes weitere Visualisieren ist nicht nur unnötig, es ist kontraproduktiv.

Ihre inneren Engel bitten nur um ein bisschen Raum, um ihre Arbeit zu tun. Machen Sie die Bahn frei für sie.

Aufbau der inneren Architektur

Es gibt zwei Welten: die Außenwelt, in der Sie leben, und die Welt, die in Ihrem Innern lebt. Die Welt in Ihrem Innern wird von Ihnen geschaffen. Es liegt an Ihnen, eine innere Architektur mit Wünschen zu gestalten, die in Harmonie mit Ihren inneren Mechanismen sind. Ohne diese Harmonie sind Sie in Ihrer Welt ein Opfer, und Sie sollten eigentlich der Herrscher sein.

Sagen wir, Sie sind von Beruf Maler oder Kaufmann – egal. Ihr Wunsch ist es, Ihr Produkt zu verkaufen. Ob es ein Gemälde ist oder ein technisches Gerät – Sie wollen der Welt einen Traum bringen. Sie wissen aus tiefster Seele, dass Sie etwas Besonderes hervorgebracht haben. Es ist ein Picasso. Es ist das nächste iPhone – was auch immer. Aber Sie können niemanden dazu bewegen, es zu kaufen. Was ist los? Warum kaufen die Leute dieses tolle Ding nicht, das Sie anbieten? Es würde sie glücklich machen. Sie würden es toll finden. Keine Frage. Warum kaufen sie nicht?

Es ist nicht Ihre Kreation, die sie abschreckt. Es sind Sie. Ihr labiles Wesen infiziert Ihr Produkt, und die Welt nimmt diese Schwingungen auf. Ja, Ihr neues Bild oder dieses Ding ist großartig. Aber die Sorgen und Ängste und negativen Projektionen, die Ihr Sein durchdringen, schlagen sich auch auf

Ihre Arbeit nieder. Wie kann das sein? Meine Arbeit ist eine eigenständige Sache. Sie existiert außerhalb von mir. Nein. Ihre Arbeit ist Teil von Ihnen, und wenn Sie sie in die Welt hinausschicken, schicken Sie damit auch einen Teil Ihrer selbst.

Die psychische Unruhe und Unausgeglichenheit, die wir ausstrahlen, beeinträchtigen das Produkt, das wir in die Außenwelt bringen. Ob Sie selbst das Produkt sind oder ein Gemälde oder ein neuer Keilriemen, es trägt etwas von Ihnen. Wenn unsere innere Architektur nicht stimmt, kann dies von der Außenwelt wahrgenommen werden. Es spielt keine Rolle, welche Fassade wir aufgebaut haben. Man liest auf der unbewussten Ebene, dass etwas mit dem Fundament nicht in Ordnung ist.

Dann, wenn die Welt, in der wir uns bewegen, negativ auf unsere unbewussten Übertragungen reagiert, werden wird frustriert. Wir beschuldigen die Außenwelt. Wir beklagen uns, dass die Welt uns nicht versteht. In Wirklichkeit tut sie das. Sie reagiert auf etwas, was aus dem inneren Gleichgewicht geraten ist. Und sie hat recht. Meistens ist es das Vertrauen, das fehlt. Mit Vertrauen ist unsere innere Architektur solide und spiegelt Harmonie wider.

Wenn wir unsere Innenwelt richtig aufbauen, strahlen wir nach außen. Unsere Schwingungen erzeugen Musik. Die Außenwelt beginnt, nach den Noten zu spielen, die wir in unserem Innern erzeugt haben. Wenn unsere inneren Noten dissonant sind, schwingt die Außenwelt mit dieser Dissonanz. Wenn die Musik, die wir spielen, harmonisch ist, möchte die Außenwelt in der Band mitspielen. Und dann kommt das Glück. Um die richtigen Noten aus Ihrem Innern auszusenden, müssen Sie lernen, wie man das Instrument spielt. Wir beginnen bei den Grundtönen und üben und entwickeln uns weiter, bis wir das Instrument beherrschen.

Dieser Plan erscheint vielleicht zu einschüchternd. Aber man beginnt, wie bei der Musik, mit den Grundtönen, die aufeinander aufbauen und dann zu harmonischen Strukturen werden, die mit dem Universum schwingen. Sie brauchen kein aufgestiegener Meister zu werden, bevor Ihre innere Welt in Harmonie mit der äußeren sein kann. Wir nennen das Magie. Die Magie, die aus Ihrem Innern kommt. Und Sie sind der Magier.

Bauen Sie Ihr Schloss.

Respektieren Sie die Magie

Wenn Sie Ihre Reise in ein Leben voller Magie beginnen, werden Sie sehr schnell Veränderungen bemerken. Ihre Träume werden lebendiger und bedeutungsvoller sein. Mit der Formulierung Ihres ersten Wunsches werden Kräfte in Ihrer Welt freigesetzt. Die Menschen werden etwas an Ihnen bemerken. Sie scheinen verändert, Sie sehen jünger aus, energievoller. Sie werden anfangen, sich als etwas Besonderes zu fühlen. Das geschieht einfach!

So wie die Magie in Ihnen wächst, wird auch Ihr Vertrauen wachsen. Wunderbar! Nun ist es an der Zeit, vorsichtig zu sein. Denn mit diesem Vertrauen kommt auch das Gefühl der Macht. Und mit Macht geht häufig Arroganz einher. Sie bekommen das Gefühl, die Quelle dieser starken Kraft zu sein. Sie beginnen zu glauben, dass die Wunder von Ihnen kommen. Das tun sie nicht. Die Magie ist nicht Ihre. Sie ist Teil des Universums.

Sie sind nur ein Gast. Sie sind nicht der Schöpfer der Magie. Verwechseln Sie nicht die Wunder, die überall um Sie herum entstehen, mit Ihrer eigenen Allmacht.

Auf diese Weise sollte man jedes Glück betrachten. Wenn wir das erste Geschenk erhalten, sind wir von euphorischer Dankbarkeit erfüllt. Das zweite Mal sind wir froh und immer noch dankbar. Aber nach dem dritten und vierten und fünften Geschenk scheinen sie alltäglich zu werden. Jeden Tag: Business as usual. Stellen Sie sich jemanden vor, der sein Leben lang nur ein Mal im Monat etwas zu essen bekommt. Jahr um Jahr überlebt er mit dieser einen Mahlzeit alle dreißig Tage. Wenn Sie ihm ein Mal pro Woche etwas zu essen geben, kann er sein Glück gar nicht fassen. Jeden Tag, toll! Dreimal täglich, und er führt zu diesem Überfluss an Segnungen einen Freudentanz auf. Der liebe Gott meint es gut mit ihm! Nach ein paar Monaten mit drei Mahlzeiten pro Tag ist er daran gewöhnt. Dieser Reichtum, als der ihm dies vorher erschienen war, ist jetzt ganz alltäglich, nichts Besonderes. Aber versuchen Sie mal, ihm dieses Essen wegzunehmen. Nehmen Sie nur eine Mahlzeit weg, und er wird in sich zusammenbrechen. Sein Vertrauen löst sich auf. Er bekommt einen Wutanfall. Man hat ihn bestohlen!

Magie kann, wie alles andere auch, geringer werden, wenn sie alltäglich wird. Doch eigentlich gibt es nichts Alltägliches bei der Magie, außer der Art und Weise, wie wir sie behandeln. Die Magie wird noch lange da sein, auch nachdem Sie Ihre Fähigkeit verloren haben, sie sich nutzbar zu machen. Und Sie werden sie verlieren, wenn Sie sie für selbstverständlich nehmen.

Das kann mit Ihrer Magie geschehen. Respektieren Sie sie. Denken Sie keine Sekunde lang, sie würde Ihnen gehören. Und schlucken Sie niemals die Yuppie-Propaganda, dass Sie für Ihr eigenes Glück verantwortlich seien. Sie sind es nicht. Sie haben es vom Universum bekommen. Und das kann es Ihnen auch wieder wegnehmen.

Seien Sie sehr vorsichtig, sobald Sie einmal mit Ihrem Prozess des Wünschens begonnen haben. Sprechen Sie nicht zu viel darüber. Es ist in Ordnung, wenn Sie den Leuten erzählen, dass Sie die Techniken aus diesem Buch anwenden. Magie ist dazu gedacht, sie mit anderen zu teilen. Wenn jemand an dem Prozess interessiert ist, weisen Sie ihm die richtige Richtung. Helfen Sie ihm auf den Weg der Magie.

Aber geben Sie nicht an. Angeben ist Theater. Wenn Sie für andere eine Show machen, werden Sie entweder als Halbgott oder als Idiot betrachtet.

Sprechen Sie nicht über die persönlichen Details Ihrer Wünsche und Ihrer Ergebnisse. Das ist Ihr privater Prozess. Wachen Sie über Ihre Magie. Anderen zu erzählen, wie Sie Ihren Wunsch formulieren, wird Ihre Bemühungen beeinträchtigen. Es wird auch psychische Einflüsse von anderen und potenziellen Neid in Ihre Privatsphäre bringen. Das würde Ihre Magie entzaubern.

Und denken Sie daran, dass es im Leben auf und ab geht. Das ist die Dynamik des Lebens. Mit dem Erfolg geht auch das Scheitern einher. Selbst wenn sich Ihre Wünsche erfüllen, sind Sie kein Gott.

Glück

Wir möchten alle glücklich sein. Und alle unsere Wünsche zielen auf diese unbestimmte Hoffnung ab, in einem beständigen Zustand des Glücks leben zu können. Den vollkommenen Zustand ewiger Glückseligkeit zu erreichen, ist etwas, das den Göttern und den Verrückten vorbehalten ist.

Es ist wichtig, daran zu denken, dass alles Leben dynamisch ist. Es gibt keinen dauerhaften Zustand des Seins. Selbst der Tod transportiert Ihr Bewusstsein in das ungeheuer dynamische Universum.

In unserer sich ständig verändernden Welt erscheint das Glück wie ein Blitz in unserem Leben und kann auch genauso schnell wieder verschwinden – nie ist es so verfügbar, wie wir es gerne hätten. Aber es ist gegenwärtiger, als Sie denken, sofern Sie es nicht mit Vergnügen verwechseln. Es ist ein verbreitetes Missverständnis, dass Glück und Vergnügen das Gleiche seien.

Lassen Sie uns den Unterschied genauer betrachten. Wir empfangen Glück, wenn alles für uns in Ordnung ist. Das ist eine sehr klare, aber unbeständige Bedingung. Mit der Außenwelt in guter Resonanz zu sein, ist ebenfalls Glück. Die emotionale Intensität, die mit dieser Resonanz ansteigt, ist Vergnügen.

Ihre Wünsche zur Verwirklichung zu bringen, ist ein Prozess voller Glück. Nachdem man seine Wunschziele erreicht hat, empfindet man Vergnügen. Das ist der Nachklang von Glück. Wir sind durch unsere Kultur darauf programmiert, unsere Ziele mit Glück zu verbinden. Diese Ziele sind häufig materielle. Die Ziele selbst bringen kein Glück, sondern diesen flüchtigen Nachklang, den man Vergnügen nennt. Sagen wir, es ist Ihr Wunsch, einen neuen Mercedes zu bekommen – und Sie erreichen Ihr Ziel. Sie wissen schon, was dann kommt: Ein paar Tage lang sind Sie begeistert. Sie fahren herum und prahlen mit Ihrem neuen Wagen. Und in sehr kurzer Zeit gewöhnen Sie sich daran und finden es langweilig. Ist das Glück? Nein. Es ist momentanes Vergnügen gemischt mit der Befriedigung des Ego.

Jetzt stellen Sie sich vor, Sie hätten den Mercedes selber gebaut. Wie würden Sie es dann empfinden? Wenn Sie Ihre Kreativität in Ihr Ziel einbringen, wird es im doppelten Sinne Ihr eigenes. Und es gibt eine wirkliche Basis für Glück. Sie werden mit Sicherheit genauso viel Vergnügen empfinden, wenn Sie in diesem neuen Auto herumfahren, aber allein die Tatsache, dass Sie diesen Wagen selbst gebaut haben, macht ihn mehr zu Ihrem eigenen, als wenn Sie ihn gekauft hätten. Und in Ihnen werden mehr Ebenen des Glücks aktiviert.

Das Problem bei den Zielen besteht nicht darin, Ziele zu haben, sondern in der falschen Vorstellung, dass diese Ihnen Glück bringen würden. Der Prozess, auf Ihre Ziele hinzuarbeiten, wird Ihnen weit mehr Glück bringen als ihr Erreichen. Sofern Sie sich nicht in einem Kampf auf Leben und Tod befinden, um zu überleben, können Ihre Ziele Ihnen niemals mehr Glück bringen als die Kreativität und harte Arbeit, die Sie in das Erreichen dieser Ziele stecken. Wenn Sie sich also in der Wüste verlaufen haben und verzweifelt auf allen Vieren kriechen, um sich in Sicherheit zu bringen, ist das Ziel von größter Bedeutung. Ihr Überleben steht auf dem Spiel. Da gibt es nichts weiter zu sagen. Das fällt ganz klar in die Bedürfnis-Kategorie, nicht in die des Wünschens. Dennoch beziehen sich die meisten unserer Wünsche auf eher materielle Ziele. Nehmen wir an, Sie haben einen wirklich schrecklichen Job und sparen auf ein kleines Boot. Jede Woche legen Sie ein bisschen Geld zurück und kommen Ihrem Ziel immer näher. Ob Sie es glauben oder nicht, es gibt einen Zustand des Glücks in Ihnen, während Sie arbeiten und sparen. Das hat damit zu tun, dass dieser Prozess vollkommen mit Ihnen im Einklang ist. Sie wissen, Sie wollen das Boot, um mit Ihren Freunden angeln zu gehen, was ein riesiges Vergnügen sein wird. Aber während Sie kämpfen und durchhalten und Ihrem Ziel näher kommen, sind Sie, ob Sie es sehen können oder nicht, in einem Zustand der Gnade. Sie bewegen sich angemessen und sicher auf Ihren Traum zu. Erinnern Sie sich, was John Lennon gesagt hat? «Ein Beatle zu werden, war besser, als einer zu sein.»

Das ist es, worüber die sehr Erfolgreichen reden, wenn Sie einen wichtigen Meilenstein erreicht haben. Ja, Sie sind überglücklich, Ihr Ziel erreicht zu haben, aber sie alle sprechen von einer Leere, die kurz darauf folgt. Der Aufstieg zum Gipfel des Mount Everest war das Glück. Dort zu stehen und den Ausblick zu bewundern, ist Vergnügen.

Und das Gefühl des Vergnügens lässt schnell nach.

Die reinste Form des Glücks ist Kreativität. Wenn ein Architekt ein Gebäude errichtet, ist jeder Moment des Schaffens für ihn Glück. Wenn das Haus fertig ist und er seine Arbeit bewundert, beginnt das Vergnügen.

Glück ist auch eine kollektive Angelegenheit, weitaus mehr als eine persönliche. Wenn jemand über die gleichen Dinge glücklich ist wie Sie, wird das Glück gesteigert. Wenn wir mit jemandem in Einklang sind, empfinden wir eine Einheit, die unser Glück erhöht. Teilen transzendiert die persönliche Ebene.

Wir wollen uns zwei verschiedene Arten von Glück und die dazugehörigen Vergnügen ansehen. Einen Neurochirurgen und einen Partygänger.

In einem Nachtclub dröhnt die Musik, und auf der Tanzfläche feiert ausgelassen der Partygänger, tanzt fröhlich, verliert sich in Ekstase. Wenn Sie ihn in diesem Moment als glücklich bezeichnen wollten, hätten Sie recht. Negieren Sie es nicht durch den Hinweis, dass er wahrscheinlich betrunken und «auf Drogen» sei. Das ist irrelevant. Sein Augenblick ist perfekt. Alles an der Ausgangssituation passt: die Musik, die Atmosphäre, sein Gefühl des Einsseins mit den anderen Menschen auf der Tanzfläche. Das bewirkt eine mächtige emotionale Reaktion. Diese Reaktion ist reines Vergnügen. Zur gleichen Zeit bringt, in einem Krankenhaus am anderen Ende der Stadt, ein Neurochirurg Stunden bei einer komplizierten Operation zu; es steht auf der Kippe zwischen Leben und Tod. Ist er glücklich? Ja, das ist er. Das ist nicht die Euphorie des tanzenden Partylöwen, sondern der kreative Prozess eines Arztes, der seine Arbeit ausführt, indem er sein Bestes gibt. Dieser Zustand, das Gefühl, das Richtige zu tun, ist die Grundbedingung für Glück. Nach der erfolgreichen Operation entspannt sich der Arzt, völlig erschöpft und erleichtert. Wenn er über die große Aufgabe nachdenkt, die er bewältigt hat, und die Emotionen sich aufbauen, wird er großes Vergnügen empfinden. Sie könnten entgegnen, dass das Glück des Chirurgen von einem erfolgreichen Ausgang der Operation abhängt. Hätte es ein tragisches Ende genommen und der Patient wäre gestorben, würde er sich nicht so fühlen. Das ist wahr, die Tragödie würde die Möglichkeit jeder Art von Vergnügen im Nachklang der Operation verhindern. Man kann kein Vergnügen daraus ziehen. Aber das negiert nicht das Glück, das der Chirurg während seiner Arbeit empfunden hat. Nein, es war nicht der Orgasmus des Clubgängers, der zur Musik seine Faust ekstatisch in die Luft streckt. Es war das Glück, im Moment zu sein – wenn alles passt und wir in höchstem Maße kreativ sind und keinen Fehler machen. Ein Chirurg, der um das Leben eines Patienten kämpft und all sein Können aufbringt, ist das Höchste an Kreativität.

Dies sind also im Grunde nicht zwei verschiedene Arten von Glück, denn in ihrem Kern sind sie ganz ähnlich. Beide sind Beispiele für Menschen in ihrem ureigenen Moment.

Es ist einfach, ein Urteil zu fällen, wenn man diese zwei vergleicht. Und mit Sicherheit wird das Vergnügen, die der Arzt empfindet, wenn er die Operation mit seinen Kollegen durchspricht und mit ihnen diesen großartigen Prozess teilt, ein Gefühl vollkommener Zufriedenheit erzeugen, das weitaus länger anhält, als wenn der Partylöwe am nächsten Morgen aufwacht, mit einem großen Kater und wahrscheinlich total deprimiert. Sein Vergnügen hat wahrscheinlich nicht so lange angehalten wie das des Arztes. Aber Stunden zuvor waren sie beide in ihrem Moment. Sie waren beide glücklich.

Also denken Sie daran: Es kommt nicht darauf an, was Sie tun, sondern wie Sie es tun.

Wenn Sie Ihren Wunsch aufbauen und auf dem richtigen Weg sind, werden Sie das Gefühl haben, dass alles gut ist. Das ist ein Glückszustand. Versuchen Sie nicht, dieses Gefühl in ein Vergnügen zu verwandeln, was nur Ihren Wunschprozess trüben würde. Die Zeit für Vergnügen kommt später, wenn Ihr Wunsch erfüllt ist.

Jetzt heißt es erst einmal: Bleiben Sie glücklich.

Vertrauen

Sehen Sie sich diesen Narren an, wie er immer wieder versucht, etwas zu tun, was jeder vernünftige Mensch für absolut unmöglich hält. Und wie oft schlagen wir uns ungläubig an die Stirn, wenn einer dieser Narren sein viel zu hochgestecktes Ziel erreicht? Ein Wunder ereignet sich direkt vor unseren Augen. Der Narr hat Erfolg! Einfach nur Glück? Vielleicht. War er wirklich so dumm, die Unmöglichkeit der Aufgabe, die vor ihm lag, einfach zu leugnen? Bei tausend wahrscheinlichen Misserfolgen setzt er auf diese 0,01-Prozent-Chance und macht einfach weiter, stur, idiotisch, einfach großartig.

Warum hat dieser Mensch der Vernunft den Rücken gekehrt und sich auf dieses unmögliche Spiel eingelassen? Was trieb diesen Träumer an? Vertrauen. Riesiges, unerschütterliches Vertrauen. Mit diesem Buch wird Ihr Leben ein Zauberschloss werden. Sie bauen Ihr Schloss auf Vertrauen. Das ist das Fundament, auf dem Ihr Tempel steht, und der Mörtel, der die Steine zusammenhält. Vertrauen ist auch der Treibstoff, mit dem Magie funktioniert.

Die früheren Völker hatten sehr wenig Macht über ihre Welt. Sie waren den Naturkräften ausgeliefert, und es gab nichts, was sie tun konnten, um das zu ändern. Dürre, Überschwemmungen, Epidemien und Hungersnöte kamen und gingen, ohne große Einflussmöglichkeiten vonseiten Sterblicher. Die alleinige Macht lag bei den Göttern.

Und die Götter waren der eigentliche Hintergrund ihres großen Vertrauens. Sie glaubten, dass nur die Götter die Macht hatten, ihr Leiden zu beenden. Ihr Vertrauen in die Götter war absolut. Egal wie groß ihre Ängste waren, ihr Vertrauen war stärker. Vertrauen war alles, was sie hatten. Unsere moderne Welt ist voller Luxus. Die Technik hat uns die Möglichkeit eröffnet, mit der Natur zu wetteifern. Wir sind zynisch geworden, wenn es um die mystischen Kräfte geht, und verlassen uns mehr auf unseren Verstand und unsere wundersamen Maschinen. Und immer noch verfolgen wir unsere ehrgeizigen Ziele mit flammendem Eifer.

Welch großen Traum Sie auch immer für Ihr Leben haben, die Chancen stehen schlecht. Sie wollen Rockstar werden oder Astronaut? Praktisch unmöglich. Wenn die Chancen gegen Sie tausend zu eins stehen, ist es vollkommen realistisch zu glauben, dass Sie scheitern werden. Der Verstand kalkuliert die Wahrscheinlichkeit und begreift das völlig.

Doch etwas treibt Sie an, trotz dieser Widrigkeiten: Vertrauen. Sie denken vielleicht, Sie hätten kein Vertrauen. Sie denken vielleicht, Antrieb entstünde durch Ehrgeiz, Leidenschaft, Hunger und Visionen. Das sind alles Hemden, die Sie über Ihrem brennenden Herzen tragen. Unterschätzen Sie Ihr Vertrauen nicht. Und denken Sie nicht, dass Sie keins hätten. Manchmal sind es nur unsere Ängste, die uns überwältigen und uns weismachen, wir würden keinen Erfolg haben.

Und doch probieren wir es. Wir machen weiter, wir Narren, nur mit der Kraft des Vertrauens. Denn nur Narren mit einem enormen Vertrauen harren aus, wenn die Niederlage praktisch garantiert ist. Wie viele Geschichten haben wir schon gehört von Menschen, die sich auf dem Meer, in den Bergen oder in der Wüste verirrt hatten und die aller Wahrscheinlichkeit zum Trotz überlebt haben? Wer kann das Unmögliche besiegen? Nur ein Gott. Vertrauen ist die gottähnliche Kraft, die in jedem von uns steckt.

Wissenschaftler würden sagen, dass unser starker Überlebensinstinkt uns dazu bringt, unseren Organismus zu schützen. Aber stellen Sie sich vor, Sie würden mitten auf dem Ozean ausgesetzt, und kein Land wäre in Sicht. Überleben ist unmöglich. Der rationale Verstand begreift, dass es keinen Sinn hat, weiter zu schwimmen, und ertrinkt. Das verrückte Vertrauen schwimmt weiter. Es hält nicht an, um ein Scheitern in Betracht zu ziehen. Scheitern ist keine Option. Es ist nur eine theoretische Möglichkeit.

Es herrscht die weit verbreitete falsche Vorstellung, Vertrauen und Glaube seien das Gleiche. Sind sie das? Wenn Sie sagen, dass Sie glauben, brauchen Sie ein Objekt. Sie brauchen etwas, an das Sie glauben können. Dieser Glaube kann von Kräften außerhalb unserer Kontrolle, inneren und äußeren, ins Wanken gebracht, erschüttert und manchmal zerstört werden.

Glaube ist der Zeit unterworfen. Er besteht nicht ewig. Glaubenssätze können sich verändern, was ja auch häufig der Fall ist. Glaube hat einen Anfang und ein Ende.

Der Glaube ist eine Form der Berechnung. Man kann glauben, dass etwas passieren wird, oder fest daran glauben, dass dieses Etwas keine Chance hat. Wir gebrauchen fälschlich das Wort Glaube, wenn wir Vertrauen meinen.

Vertrauen ist nicht zeitlich begrenzt. Es benötigt kein Objekt. Es lebt in Ihnen, egal woran Sie glauben. Es ist ein innerer Glaube ohne die Möglichkeit des Zweifels. Es ist ein inneres Wissen, ohne etwas in Frage zu stellen. Vertrauen hat nichts mit dem Verstand zu tun. Es steht nicht zur Diskussion. Stellen Sie in Frage, dass Luft durch Ihre Lungen geht? Stellen Sie Ihre eigene Existenz in Frage? Nein. Die Wahrnehmung Ihres eigenen Bewusstseins beweist, dass Sie existieren. Sie wissen, dass Sie hier sind und sich fragen, ob Sie hier sind.

Vertrauen ist die Kraft, die Sie brauchen, um das Unmögliche zu tun.

Ein Misserfolg nach dem anderen beutelt Ihre Seele. Das kann dazu führen, sich selbst in Frage zu stellen, Ihr Glaubenssystem, sogar Ihren Gott. Sie fragen sich vielleicht, ob Sie Ihr Vertrauen verloren haben.

Fragen Sie sich nie, ob Ihr Vertrauen verloren gegangen ist. Es ist immer da. Vertrauen funktioniert am besten, wenn die Not am größten ist. Wenn Ihre ganze Umgebung sich gegen Sie verschworen hat. Dieser unmögliche Traum, den Sie verfolgen, wird von Vertrauen genährt. Und während Sie weitermachen und sich immer mehr anstrengen, wird Ihr Vertrauen immer größer. Ein Misserfolg kann es nicht zerstören – ganz im Gegenteil. Sie brauchen Vertrauen bei Ihrem Kampf, nicht bei Ihren Erfolgen. Wenn der Erfolg garantiert ist, brauchen Sie kein Vertrauen. Es ist Ihr Antrieb, wenn es eigentlich keine Chance gibt. Vertrauen ist der große Verrückte in Ihnen, der nicht auf die Vernunft hört. Es ist die unzerstörbare Kraft, die brüllt und kämpft, selbst wenn Sie Ihren letzten Atemzug tun. Die Kraft, die die Niederlage verweigert. Es ist das, was Sie nach dem streben lässt, was nur die Götter anzustreben wagen.

Es ist das, was den Schwimmer antreibt, den Ozean zu durchqueren.

TEIL DREI

Ihr Programm

Ihr Leben ist das Werk Ihres Lebens

Ihre großen Träume stehen im Konflikt mit der Gesellschaft. Das müssen sie auch. Es sei denn, Ihr Traum ist es, ein gesichtsloser Handlanger zu sein, der genau das tut, was ihm oder ihr gesagt wird. Dann findet die Gesellschaft einen Platz für Sie, und Sie brauchen keine Magie.

Tiere, einschließlich der menschlichen Spezies, schließen sich zusammen, um sicher zu sein. Eine Gruppe ist für die Umgebung weniger angreifbar als ein Einzelner. Wir fürchten die Einsamkeit. Und wir schließen uns der Gesellschaft nicht an, weil wir uns nach sozialen Strukturen sehnen, sondern um uns zu schützen. Bei dem Versuch, äußere Bedrohungen abzuwehren, haben die Menschen alle möglichen Arten von Gesellschaften gebildet, von der ganz einfachen bis zur hoch komplexen, nach jedem nur denkbaren Organisationsprinzip: lokal, regional, national, global, ethnisch, politisch, religiös, auf der Grundlage des Geschlechts – unzählige Zivilisationen, große und kleine.

Die Gesellschaft ist ein soziales System, und Systeme mögen keine Abweichungen. Die Gesellschaft fühlt sich wohl, wenn man sich so verhält wie alle anderen auch. Wenn man das System durcheinanderbringt, wird man zum Abweichler gestempelt und ausgeschlossen.

Unsere Träume müssen im Widerspruch zur Gesellschaft stehen – das liegt schon in ihrer Natur. Sie sind Abweichungen von der Norm; großartige, aufrührerische Phantasien, denen es hinter hohen Zäunen nicht gut ergeht. Sie sind einzigartig, wie jeder von uns. Darin liegt doch eine gewisse Ironie, oder? Wir schließen uns der Gesellschaft an, um uns geborgen und mit anderen verbunden zu fühlen und um unsere Chancen auf Glück zu erhöhen. Alles, was wir tun müssen, ist im Austausch dafür unsere Einzigartigkeit aufzugeben und mit ihr die Chance auf wahres Glück. Aber Glück ist eine Form der Magie. Und Magie ist vor allem einzigartig.

Die Zauberer unserer Welt wissen das. Sie wissen, dass das Leben dynamisch ist und sich ständig verändert, dass etwas Statisches nicht das Wohlgefühl bringt, nach dem es uns verlangt. Veränderung ist das einzig Beständige im Universum. Wenn Sie glauben, dass Sie Ihr Leben in einer dauerhaften Form aufbauen können, investieren Sie Ihre Bemühungen praktisch ins Nichts. Ein Leben, das sich nicht verändert, ist kein Leben. Lernen Sie, mit Veränderungen zu leben und sie zu lieben – als den direkten Beweis für Ihre Existenz und die anhaltende Freude daran.

Veränderung ist kein Verhängnis. Hören Sie auf, es so zu betrachten. Wenn Sie Veränderungen als Teil der aufregenden Dynamik des Lebens akzeptieren, werden Sie wahrhaft lebendig werden, vielleicht zum ersten Mal, seit Sie Kind waren.

Wenn Sie mit dem Prozess der Magie beginnen, tun Sie es am Anfang, um ein Ziel zu erreichen. All Ihre Bemühungen haben die Realisierung Ihres Wunsches zum Ziel. Aber in Ihnen geht viel mehr vor als die Jagd nach einem materiellen Gewinn.

Sie sind vielleicht zu dem Programm gekommen, um sich

einen Wunsch zu erfüllen. Aber Sie betreiben Magie. Die Magie wird Ihnen näher sein als das Objekt Ihrer Begierde. Magie ist etwas Aktives. Sie füllt Ihr Wesen ganz aus. Sie ist kein Werkzeug für eine spezielle Arbeit, das Sie dann zurück ins Regal legen. Sie bedeutet eine grundlegende Verwandlung, für den Schöpfer und die Schöpfung.

Sie werden zum Schöpfer werden. Wir sprechen von einem neuen «Sie», das wir hier aufbauen werden. Das bedeutet, alles zu behalten, was Sie lieben, sich selbst Respekt entgegenzubringen und der Struktur Ihres Selbst neue, gewaltige Kräfte zu verleihen.

Sie werden sich nicht in irgendeine andere Realität zurückziehen, in der Sie nur nachts leben können, wenn Sie das Reich der Träume betreten. Das wäre eine Form von Wahnsinn.

Sie beginnen einen symbiotischen Prozess zwischen Tag und Nacht. Eine wunderbare Balance wird in Ihr Leben Einzug halten. Magie ist Kunst. Und nachts, wenn Sie Ihre Techniken verfeinern und Ihren Prozess neu beleben, kreieren Sie die Magie, die auch am Tag bei Ihnen bleibt. Sie erschaffen ein Leben voller Magie.

Sie sind nicht hier, um ein Wesen zu sein, das wie ein Roboter von einer Aufgabe zur nächsten stapft – bis zum Tod. Sie sind hier, um an der Ganzheit des lebenden Organismus teilzunehmen, der Universum heißt. Stecken Sie Magie in jeden Moment. Atmen Sie Energie in jedes Detail, egal wie banal es erscheinen mag. Diese Person, die in Ihrem Körper mit Ihrer Seele herumläuft, ist Ihre große Schöpfung.

Sie bemalen eine Leinwand, die Sie sind, mit den Pinselstrichen der Verzauberung. Malen Sie mit Hingabe. Der Aufbau eines großartigen Lebens für Sie ist der höchste Ausdruck

Ihrer Kreativität. Und damit haben Sie für den Rest Ihres Lebens zu tun. Jeder Tag ist neu. Und jeder Tag, den Sie erschaffen, ist ein weiterer Tag voller Bereicherungen. Verpassen Sie keinen einzigen Moment davon.

Ihr Leben ist das Werk Ihres Lebens.

Hier kommt Ihr nächster Schritt.

Vorgehen und praktische Übungen

Das Programm, das Ihnen nicht nur beibringt, IHRE WÜNSCHE ZU ERFÜLLEN, sondern Sie auch auf den Weg in ein neues Leben bringt, dauert dreiundsechzig Tage. Können Sie dreiundsechzig Tage durchhalten? Das ist doppelt so viel wie diese 30-Tage-Diät, die Ihnen verspricht, Ihnen bei nur geringer Anstrengung Ihren Traum-Körper zu verleihen.

Dreiundsechzig Tage sind nur eine kleine Investition in sich selbst. Und die Übungen dauern nur ein paar Minuten.

Dieser Prozess hat drei Phasen und besteht aus 15 Übungen. Jede Übung baut Ihre Fähigkeit auf, Ihr tieferes Bewusstsein zu aktivieren und Ihre Wünsche lebendig werden zu lassen.

Sie werden lernen, wie Sie das kostbare Drittel Ihres Lebens, den Schlaf, am besten nutzen können – diese Zeit, in der die Magie der Nacht herrscht.

Die ERSTE PHASE hat zum Ziel, Sie auf eine Nacht voller Magie vorzubereiten. Der Schwerpunkt liegt hier auf so grundlegenden Fähigkeiten wie:

1. richtig zu atmen,
2. sich in einen emotional neutralen Zustand zu versetzen,
3. Ihren Geist in einen neutralen Zustand zu bringen,

4. Ihre Gedanken und Wünsche richtig zu formulieren,
5. sich selbst richtig anzusprechen,
6. den richtigen Gedanken mit dem richtigen Gefühl zu verbinden,
7. Ihren Wunsch richtig zu formulieren.

Die ZWEITE PHASE konzentriert sich auf die Nacht selbst. Sie können hier lernen,

8. wie Sie sich auf den Schlaf vorbereiten,
9. wie Sie Ihre innere Zeit verlangsamen,
10. wie Sie sich den richtigen Wunsch-Befehl geben,
11. was Sie tun sollten, wenn Sie nachts aufwachen.

Die DRITTE PHASE zeigt Ihnen, was Sie am nächsten Morgen tun sollten. Dazu gehören auch die folgenden Fertigkeiten:

12. wie Sie Ihre Emotionen wecken,
13. wie Sie Ihren Geist wecken,
14. wie Sie den Tag spüren können,
15. wie Sie von Ihrem eigenen Wunsch unabhängig werden.

Es ist ratsam, jeden Tag nach der jeweiligen Übung Notizen darüber zu machen, wie Sie diese Übung erlebt haben. Diese Notizen liefern Ihnen eine Momentaufnahme Ihrer Fortschritte und machen es möglich, genau zu verfolgen, wo Sie begonnen haben und wo Sie jetzt stehen (vgl. die Übersicht rechts).

Phase	Übung	Name	Tage	Tage der Phase	insgesamt
	1	Feinstoffliches Atmen	4		
	2	Frieden mit der feinstofflichen Umgebung	6		
	3	Frieden des Geistes	6		
I	4	Befehl des Geistes	8	31	
	5	Die feinstoffliche Stimme	2		
	6	Emotionale Ausgeglichenheit	4		
	7	Wunschformulierung	1		
	8	Nächtlicher Frieden	5		63
II	9	Nächtlicher Spaziergang	3	15	
	10	Wunsch-Befehl	7		
	11	Nächtliches Erwachen	/		
	12	Traumzustand des Körpers	6		
III	13	Erwachen	3	17	
	14	Mein Tag	3		
	15	Dankbarkeit	5		

Diese Techniken liefern Ihnen das Werkzeug, um das Leben zu bekommen, das Sie sich wünschen, und eines Ihrer größten Hindernisse zu beseitigen: SIE. Sie werden lernen, wie Sie diese hektischen emotionalen Schwankungen abstellen, die Ihren Kreativitätsfluss beeinträchtigen. Sie werden bald sanfte, gleichmäßige Schwingungen ausstrahlen, die Sie mit Ihrer Welt in Einklang bringen, statt gegen sie zu kämpfen.

Alle Übungen werden mit geschlossenen Augen gemacht.

Und noch ein letzter, sehr wichtiger Punkt: Das Leben ist voller unerwarteter Störungen. Viele von ihnen sind unvermeidbar. Lassen Sie sich nicht entmutigen, wenn Sie ein Ereignis mitten aus Ihrem Programm herausreißt. Das ist ein Teil des Lebens. Sie müssen nicht wieder von vorn beginnen.

Wenn Sie einmal eine Übung beendet haben, ist sie ein Teil von Ihnen geworden. Es gibt keinen Grund, an den Anfang zurückzukehren. Wenn Ihr Programm unterbrochen wurde, machen Sie beim nächsten Mal einfach damit weiter, woran Sie gerade gearbeitet haben, als das Leben dazwischenkam und Anspruch auf Ihre Zeit anmeldete.

Fangen Sie an.

Übung 1: Feinstoffliches Atmen

Die erste Übung hat das Ziel, Ihnen die Atemtechnik zu vermitteln, mit der Sie eine Resonanz mit Ihrer Umgebung erzeugen können. Dies nennt sich «feinstoffliches Atmen».

Die Übung dauert eine Minute. Am Anfang werden Sie einen Zeitmesser benötigen, damit Sie wissen, wann die Minute vorbei ist. Später wird Ihr Körper automatisch die Zeit einhalten, und Sie werden ihn nicht mehr brauchen.

1. Sitzen Sie bequem.
2. Schließen Sie Ihre Augen. Konzentrieren Sie sich auf nichts.
3. Atmen Sie vier Sekunden lang ein. Machen Sie eine Pause von einer Sekunde. Atmen Sie dann vier Sekunden lang aus.
4. Wiederholen Sie diesen Ablauf eine Minute lang.

Machen Sie diese Übung vier Tage lang dreimal täglich: morgens, nachmittags und abends.

Halten Sie Ihre Fortschritte auf den folgenden Seiten fest.

Übung 1: Feinstoffliches Atmen **TAG 1**

Morgen

Nachmittag

Abend

Übung 1: Feinstoffliches Atmen **TAG 2**

Morgen

Nachmittag

Abend

Übung 1: Feinstoffliches Atmen **TAG 3**

Morgen

Nachmittag

Abend

Übung 1: Feinstoffliches Atmen **TAG 4**

Morgen

Nachmittag

Abend

Übung 2: Frieden mit der feinstofflichen Umgebung

Ihre ganze Umgebung verleiht Ihnen Kraft. Frieden mit Ihrem feinstofflichen Umfeld ist die harmonische Beziehung, die Sie mit Ihrer Umgebung eingehen.

1. Sitzen Sie bequem.
2. Schließen Sie die Augen. Konzentrieren Sie sich auf nichts.
3. Machen Sie eine Minute lang die Übung 1: FEINSTOFFLICHES ATMEN. (Atmen Sie vier Sekunden lang ein. Machen Sie eine Pause von einer Sekunde. Atmen Sie dann vier Sekunden lang aus.)
4. Machen Sie eine weitere Minute lang die feinstoffliche Atmung und achten Sie dabei auf Ihren ganzen Körper. Stellen Sie sich vor, dass Sie bei jedem Einatmen das Feinstoffliche um sich herum aufnehmen. Dadurch werden automatisch die Emotionen in Ihrem Körper beruhigt. Sie werden den Zustand vollkommener Stille erkennen und beginnen, diese Stille zu spüren.
5. Diese Übung wird Sie in einen neutralen Zustand bringen, in einen Zustand der Ausgeglichenheit.
6. Die gesamte Übung sollte zwei Minuten dauern.

Wiederholen Sie diese Übung sechs Tage lang dreimal täglich.

Jede neue Übung baut auf die vorangegangene auf. Nach sechs Tagen Übung werden Sie den Zustand des Friedens mit Ihrer feinstofflichen Umgebung auch ohne die feinstoffliche Atmung erreichen, sobald Sie sich hinsetzen und die Augen schließen.

Übung 2: Frieden mit der feinstofflichen Umgebung **TAG 1**

Morgen

Nachmittag

Abend

Übung 2: Frieden mit der feinstofflichen Umgebung **TAG 2**

Morgen

Nachmittag

Abend

Übung 2: Frieden mit der feinstofflichen Umgebung **TAG 3**

Morgen

Nachmittag

Abend

Übung 2: Frieden mit der feinstofflichen Umgebung **TAG 4**

Morgen

Nachmittag

Abend

Übung 2: Frieden mit der feinstofflichen Umgebung **TAG 5**

Morgen

Nachmittag

Abend

Übung 2: Frieden mit der feinstofflichen Umgebung **TAG 6**

Morgen

Nachmittag

Abend

Übung 3: Frieden des Geistes

Die dritte Übung zeigt Ihnen, wie Sie Ihren Geist in einen neutralen Zustand versetzen und sich auf die Nacht vorbereiten.

1. Sitzen Sie bequem.
2. Schließen Sie die Augen.
3. Atmen Sie eine Minute lang so, dass Sie sich dabei leicht auf Ihre Nase konzentrieren und auf die Luft, die durch sie hindurch geht. Spüren Sie Ihre Nase.
4. Nach der ersten Minute werden Sie das Gefühl bekommen, dass die Luft durch Ihre Nase in Ihren Geist geht und Ihre Gedanken reinigt. Alles in Ihrem Geist wird vollkommen klar und ausgeglichen. Ihr Geist gelangt in einen neutralen Zustand.
5. Verbringen Sie eine Minute in diesem Zustand des Friedens des Geistes. Visualisieren Sie nichts. Seien Sie einfach nur ruhig und neutral.

Diese Übung wird sechs Tage lang dreimal täglich durchgeführt: morgens, nachmittags und abends.

Nach ein paar Tagen werden Sie bemerken, dass Sie immer schneller in diesen Zustand des geistigen Friedens gelangen.

Übung 3: Frieden des Geistes **TAG 1**

Morgen

Nachmittag

Abend

Übung 3: Frieden des Geistes **TAG 2**

Morgen

Nachmittag

Abend

Übung 3: Frieden des Geistes **TAG 3**

Morgen

Nachmittag

Abend

Übung 3: Frieden des Geistes **TAG 4**

Morgen

Nachmittag

Abend

Übung 3: Frieden des Geistes **TAG 5**

Morgen

Nachmittag

Abend

Übung 3: Frieden des Geistes **TAG 6**

Morgen

Nachmittag

Abend

Übung 4: Befehl des Geistes

Bei dieser Übung lernen Sie, einen Befehl auszusprechen, der in Ihrem Körper aktiviert wird.

1. Sitzen Sie bequem und schließen Sie die Augen.
2. Machen Sie eine Minute lang die Übung 3: FRIEDEN DES GEISTES. (Atmen Sie so, dass Sie sich dabei leicht auf Ihre Nase konzentrieren und auf die Luft, die durch sie hindurch geht. Spüren Sie Ihre Nase. Ihr Geist gelangt in einen neutralen Zustand.)
3. Drehen Sie den Kopf sanft nach links und sagen Sie bestimmt, aber ohne Emotion, das Wort «grün». Visualisieren Sie die Farbe Grün dabei nicht. Sie trainieren Ihren Körper darauf, auf Ihren Befehl zu reagieren, ohne dass der Geist oder Ihre Emotionen daran beteiligt sind.
4. Dann drehen Sie den Kopf nach rechts und wiederholen das Wort «grün».
5. Wiederholen Sie eine Minute lang die Übung 3: FRIEDEN DES GEISTES.
6. Die gesamte Übung sollte etwa zwei Minuten und 30 Sekunden dauern.

Machen Sie diese Übung acht Tage lang dreimal täglich, wobei es jeden zweiten Tag eine kleine Änderung gibt.

An den ersten beiden Tagen sagen Sie das Wort «grün».

Die nächsten zwei Tage sagen Sie das Wort «rot». An den nächsten beiden Tagen sagen Sie das Wort «weiß» und an den letzten beiden Tagen das Wort «blau». Achten Sie darauf, was bei jedem Befehl in Ihrem Geist initiiert wird. Vermeiden Sie eine emotionale Beteiligung an diesen Befehlen. Wenn Sie bemerken, dass Emotionen aufkommen, gehen Sie zurück zur Übung 2: FRIEDEN MIT DER FEINSTOFFLICHEN UMGEBUNG.

Übung 4: Befehl des Geistes **TAG 1**

Morgen

Nachmittag

Abend

Übung 4: Befehl des Geistes **TAG 2**

Morgen

Nachmittag

Abend

Übung 4: Befehl des Geistes **TAG 3**

Morgen

Nachmittag

Abend

Übung 4: Befehl des Geistes **TAG 4**

Morgen

Nachmittag

Abend

Übung 4: Befehl des Geistes **TAG 5**

Morgen

Nachmittag

Abend

Übung 4: Befehl des Geistes **TAG 6**

Morgen

Nachmittag

Abend

Übung 4: Befehl des Geistes **TAG 7**

Morgen

Nachmittag

Abend

Übung 4: Befehl des Geistes **TAG 8**

Morgen

Nachmittag

Abend

Übung 5: Die feinstoffliche Stimme

Die Töne, die Ihre Stimme erzeugt, sind Schwingungen in Ihrem Körper. Sie werden lernen, dass das Aussenden der richtigen Töne durch Ihre Stimme Teil Ihrer inneren Kommunikation ist – davon, wie Sie mit sich selbst sprechen.

1. Sitzen Sie bequem und schließen Sie die Augen.
2. Machen Sie eine Minute lang die Übung 3: FRIEDEN DES GEISTES. (Atmen Sie so, dass Sie sich dabei leicht auf Ihre Nase konzentrieren und auf die Luft, die durch sie hindurch geht. Spüren Sie Ihre Nase. Ihr Geist gerät in einen neutralen Zustand.)
3. Sagen Sie zu sich selbst, als einen Befehl: «Ich möchte.» Kraftvoll. Frei von Emotionen. Sagen Sie dies ein Mal. Wenn Sie merken, dass «ich möchte» eine emotionale Unruhe auslöst, wiederholen Sie die Übung 3: FRIEDEN DES GEISTES.
4. Sitzen Sie jetzt eine Minute lang aufrecht und seien Sie sich Ihrer selbst bewusst, vom Kopf bis zu den Zehen.
5. Sagen Sie noch einmal: «Ich möchte.» Achten Sie darauf, was in der nächsten Minute in Ihnen vorgeht.
6. In der nächsten Minute werden Sie ein ähnliches Gefühl wie den Frieden des Geistes verspüren, nur stärker und konzentrierter.
7. Sagen Sie ein drittes Mal: «Ich möchte».
8. In der nächsten Minute achten Sie auf das Summen des inneren Getriebes. Versuchen Sie, einfach anzuerkennen und zu verstehen, dass diese Gefühle existieren. Sie sollten ein Gefühl von Ausgeglichenheit und Stärke empfinden. Kein anderes Gefühl wird dieses beeinträchtigen.

9. Die Übung sollte ungefähr fünf Minuten und 30 Sekunden dauern.

Führen Sie diese Übung zwei Tage lang dreimal täglich durch. In diesen zwei Tagen werden Sie eine innere Stimme aufbauen, die sowohl Ihr Bewusstsein als auch Ihr Unbewusstes verstehen wird und der sie folgen werden.

Übung 5: Die feinstoffliche Stimme **TAG 1**

Morgen

Nachmittag

Abend

Übung 5: Die feinstoffliche Stimme **TAG 2**

Morgen

Nachmittag

Abend

Übung 6: Emotionale Ausgeglichenheit

Diese Übung widmet sich dem Erlangen des richtigen Gleichgewichts zwischen Geist und Emotion.

Sie soll Ihnen dabei helfen, den richtigen Gedanken mit dem richtigen Gefühl zu verbinden.

1. Sitzen Sie bequem und schließen Sie die Augen.
2. Machen Sie eine Minute lang die Übung 1: FEINSTOFFLICHES ATMEN. (Atmen Sie vier Sekunden lang ein. Machen Sie eine Pause von einer Sekunde. Atmen Sie dann vier Sekunden lang aus.)
3. Dann atmen Sie normal weiter und benutzen die FEINSTOFFLICHE STIMME und sagen ein Mal zu sich selbst: «Ich bin glücklich.»
4. Warten Sie 30 Sekunden und beobachten Sie, was in Ihrem Körper passiert. Dann sagen Sie noch einmal mit der FEINSTOFFLICHEN STIMME: «Ich bin glücklich.»
5. Beobachten Sie weitere 30 Sekunden, was in Ihrem Körper passiert, und sagen Sie sich dann zum dritten Mal mit der FEINSTOFFLICHEN STIMME: «Ich bin glücklich.»
6. Beobachten Sie noch weitere 30 Sekunden, was in Ihrem Körper vorgeht, und gehen Sie dann für eine Minute zu Übung 1: FEINSTOFFLICHES ATMEN zurück.
7. Die gesamte Übung sollte etwa drei Minuten dauern.

Führen Sie diese Übung vier Tage lang dreimal täglich durch: morgens, nachmittags und abends. Dabei verändern Sie jeden Tag die Worte. Am ersten Tag sagen Sie zu sich selbst: «Ich bin glücklich.» Am nächsten Tag nehmen Sie: «Ich werde respektiert.» Am dritten Tag benutzen Sie «Ich liebe mich so, wie ich bin», und am letzten Tag haben Sie die Wahl zwischen «Ich bin schön» und «Ich bin kraftvoll».

Übung 6: Emotionale Ausgeglichenheit **TAG 1**

Morgen

Nachmittag

Abend

Übung 6: Emotionale Ausgeglichenheit **TAG 2**

Morgen

Nachmittag

Abend

Übung 6: Emotionale Ausgeglichenheit **TAG 3**

Morgen

Nachmittag

Abend

Übung 6: Emotionale Ausgeglichenheit **TAG 4**

Morgen

Nachmittag

Abend

Übung 7: Wunschformulierung

31 Tage lang haben Sie sich das komplette Werkzeug für Ihren Wunsch erarbeitet. Jetzt formulieren Sie Ihren Wunsch. Ihr Wunsch könnte vielleicht zu vielschichtig sein; dann müssen Sie ihn in seine Bestandteile zerlegen. Teilen Sie Ihren Wunsch in mehrere kleinere Wünsche auf. Zum Beispiel: Ich möchte ins Rathaus gewählt werden. Als Nächstes möchte ich, dass man mich zum Senator wählt, und schließlich möchte ich der Präsident werden. Das ist notwendig, weil Ihr innerer Mechanismus auf ein Ziel fixiert ist und Ihr Werkzeug speziell auf dieses Ziel eingestellt. Wenn Sie einen Meilenstein erreicht haben, geben Sie einen neuen Befehl und erreichen das nächste Ziel. Denken Sie aber daran, dass es von der Zeit abhängt, wann sich alles erfüllt.

1. Sitzen Sie bequem und schließen Sie die Augen.
2. Machen Sie eine Minute lang die Übung 3: FRIEDEN DES GEISTES. (Atmen Sie eine Minute lang so, dass Sie sich dabei leicht auf Ihre Nase konzentrieren und auf die Luft, die durch sie hindurch geht. Spüren Sie Ihre Nase. Ihr Geist gerät in einen neutralen Zustand.)
3. Dann geben Sie sich selbst mit der FEINSTOFFLICHEN STIMME kraftvoll und frei von Emotionen Ihren Befehl. Sprechen Sie Ihren Befehl aus.
4. Verfolgen Sie eine Minute lang, was in Ihrem Innern passiert.
5. Machen Sie eine Minute lang noch einmal die Übung 3: FRIEDEN DES GEISTES.
6. Geben Sie sich selbst noch einmal mit der FEINSTOFFLICHEN STIMME Ihren Befehl.

7. Verfolgen Sie eine Minute lang, was in Ihrem Innern passiert.
8. Diese Übung sollte ungefähr vier Minuten dauern.

Die Übung wird an einem Tag dreimal durchgeführt.

Beachten Sie: Am nächsten Morgen sollten Sie beim Aufwachen darauf achten, wie der Wunsch, den Sie am Abend vorher formuliert haben, in Ihrem Innern präsent ist. Sie sollten das Gefühl haben, dass der Wunsch bereits auf seinem Weg ist.

Übung 7: Wunschformulierung **TAG 1**

Morgen

Nachmittag

Abend

Übung 8: Nächtlicher Frieden

15 Minuten vor dem Schlafengehen sollte Ihre Redeweise ruhiger werden, Ihre Bewegungen fließender und harmonischer. Keine Muskelanspannungen, keine ruckartigen Bewegungen. Sie sollten nicht an die Ereignisse des vergangenen Tages denken und auch nicht an Ihre Erwartungen an den morgigen.

1. Sitzen Sie bequem.
2. Schließen Sie die Augen.
3. Machen Sie eine Minute lang die Übung 2: FRIEDEN MIT DER FEINSTOFFLICHEN UMGEBUNG. (Atmen Sie vier Sekunden lang ein. Machen Sie eine Pause von einer Sekunde. Atmen Sie dann vier Sekunden lang aus. Achten Sie dabei auf Ihren ganzen Körper. Stellen Sie sich vor, dass Sie bei jedem Einatmen das Feinstoffliche um sich herum aufnehmen. Diese Übung wird Sie in einen neutralen Zustand bringen.)
4. Legen Sie sich ins Bett. Es ist empfehlenswert, aber nicht notwendig, auf dem Rücken zu liegen.
5. Atmen Sie eine Minute lang langsam, in einem für Sie angenehmen Tempo, und achten Sie auf Ihren ganzen Körper.

   Zur Beachtung: Wenn dieser Teil richtig ausgeführt wird, erscheinen keine inneren Bilder. Wenn Sie das Bedürfnis verspüren, Ihre Konzentration zu erhöhen, berühren Sie nur leicht Ihre Stirn, während Sie auf Ihren Atem achten.

Die gesamte Übung sollte ungefähr zwei Minuten dauern.
Führen Sie diese Übung an fünf Abenden durch.

Übung 8: Nächtlicher Frieden **TAG 1**
Abend

Übung 8: Nächtlicher Frieden **TAG 2**
Abend

Übung 8: Nächtlicher Frieden **TAG 3**
Abend

Übung 8: Nächtlicher Frieden **TAG 4**
Abend

Übung 8: Nächtlicher Frieden **TAG 5**
Abend

Übung 9: Nächtlicher Spaziergang

1. Wenn Sie zum Einschlafen im Bett liegen, schließen Sie die Augen und atmen Sie langsam und gleichmäßig. Bleiben Sie eine Minute lang so in einem entspannten und angenehmen Zustand.
2. Stellen Sie sich für die nächste Minute vor, dass Sie laufen. Es spielt keine Rolle, wo oder wie. Verlangsamen Sie Ihre Schritte während dieser Minute, sodass Sie schließlich nur halb so schnell wie am Anfang laufen.
3. Diese Übung sollte ungefähr zwei Minuten dauern.

Wenn Sie bei dieser Übung besser werden, bekommen Sie das Gefühl, bereits zu schlafen, aber Ihr Geist ist noch aktiv. Sie werden das Gefühl haben, wach und gleichzeitig in einem Traum zu sein.

Führen Sie diese Übung drei Nächte lang durch.

Übung 9: Nächtlicher Spaziergang **NACHT 1**

Nacht

Übung 9: Nächtlicher Spaziergang **NACHT 2**

Nacht

Übung 9: Nächtlicher Spaziergang **NACHT 3**

Nacht

Übung 10: Wunschbefehl

Machen Sie an den nächsten sieben Tagen die Übung 7: WUNSCHFORMULIERUNG. Wir empfehlen, dass Sie mit einem ganz einfachen Wunsch beginnen. Ihr erster Wunsch könnte so etwas Einfaches sein wie «Möge ich morgen voller Freude und Energie aufwachen» oder «Möge bei der Arbeit alles gut laufen und ich Zeit haben, um im Park spazieren zu gehen».

1. Sitzen Sie bequem und schließen Sie die Augen.
2. Machen Sie eine Minute lang die Übung 3: FRIEDEN DES GEISTES. (Atmen Sie eine Minute lang so, dass Sie sich dabei leicht auf Ihre Nase konzentrieren und auf die Luft, die durch sie hindurchgeht. Ihr Geist gerät in einen neutralen Zustand.)
3. Dann geben Sie sich mit der FEINSTOFFLICHEN STIMME selbst Ihren Befehl: kraftvoll, frei von Emotionen. Drücken Sie Ihren Wunsch aus.
4. Verfolgen Sie in der nächsten Minute, was in Ihnen vorgeht.
5. Machen Sie noch einmal eine Minute lang die Übung 3: FRIEDEN DES GEISTES.
6. Äußern Sie dann mit der FEINSTOFFLICHEN STIMME noch einmal Ihren Wunsch in der Befehlsform.
7. Verfolgen Sie eine Minute lang, was in Ihnen vorgeht.
8. Diese Übung sollte ungefähr vier Minuten dauern.

Die Übung wird an sieben Abenden durchgeführt. Wiederholen Sie immer denselben Wunsch und nehmen Sie keine Veränderungen vor.

In diesen sieben Tagen wird sich die Intensität Ihres Wunsches erhöhen.

Übung 10: Wunschbefehl **TAG 1**
Abend

Übung 10: Wunschbefehl **TAG 2**
Abend

Übung 10: Wunschbefehl **TAG 3**
Abend

Übung 10: Wunschbefehl **TAG 4**
Abend

Übung 10: Wunschbefehl **TAG 5**
Abend

Übung 10: Wunschbefehl **TAG 6**
Abend

Übung 10: Wunschbefehl **TAG 7**
Abend

Übung 11: Nächtliches Erwachen

Die Wahrscheinlichkeit ist hoch, dass Sie während der Übung 10 mitten in der Nacht mit dem merkwürdigen Gefühl aufwachen, als habe sich Ihr Wunsch bereits erfüllt. Manchmal geschieht dies in der Form eines Traums.

1. Es ist wichtig, sich daran zu erinnern, was Sie geweckt hat. Versuchen Sie, den Traum in Ihrem Bewusstsein zu wiederholen.
2. Am besten wäre es, Papier und Bleistift oder ein Aufnahmegerät neben dem Bett bereitzuhalten, um diese Vorgänge aufzuzeichnen.

Sie können diese Träume auch notieren.

Übung 11: Nächtliches Erwachen **NOTIZEN**

Übung 12: Traumzustand des Körpers

Die Art, wie Sie aufwachen, wirkt sich auf Ihren ganzen Tag aus. Ihr erster Eindruck von diesem neuen Tag hat Einfluss darauf, was für einen Tag Sie erleben werden.

1. Bleiben Sie, wenn Sie aufwachen, mit geschlossenen Augen im Bett. Versuchen Sie nicht, sich auf den kommenden Tag einzustellen. Obwohl Sie wach sind, bleibt ein Teil von Ihnen noch im Schlafzustand.
2. Atmen Sie langsam und gleichmäßig. Achten Sie auf Ihre Schädelbasis oben am Nacken. Anmerkung: Wenn Sie sich nur schwer auf diesen Bereich konzentrieren können, berühren Sie ihn leicht. Auch wenn Sie merken, dass Ihre Aufmerksamkeit sich auf die Erwartung des kommenden Tages richtet, berühren Sie noch einmal sanft Ihren Nacken und bleiben Sie mit der Aufmerksamkeit dort.
3. Sie werden den Eindruck bekommen, als würde Ihr Traum sich weiter fortsetzen. Ihre Nacht ist noch nicht vorbei, Ihr Körper noch im Zustand des Schlafes. Die Emotionen des Körpers folgen den Träumen. Dies alles geschieht auf einer sehr subtilen Ebene.
4. Spüren Sie dies alles und schlafen Sie nicht wieder ein.
5. Öffnen Sie nach zwei Minuten die Augen und stehen Sie auf.
6. Machen Sie diese Übung an sechs Tagen morgens.

Übung 12: Traumzustand des Körpers **TAG 1**
Morgen

Übung 12: Traumzustand des Körpers **TAG 2**
Morgen

Übung 12: Traumzustand des Körpers **TAG 3**
Morgen

Übung 12: Traumzustand des Körpers **TAG 4**
Morgen

Übung 12: Traumzustand des Körpers **TAG 5**
Morgen

Übung 12: Traumzustand des Körpers **TAG 6**
Morgen

Übung 13: Erwachen

1. Bleiben Sie beim Aufwachen mit geschlossenen Augen im Bett.
2. Atmen Sie langsam und tief und lenken Sie Ihre Aufmerksamkeit dabei auf Ihre Füße und Beine. Nach einer Minute werden Sie Wärme in den Füßen spüren.
3. Heben Sie die Zehen fünf- oder sechsmal, so, dass Sie Ihre Wadenmuskeln spüren.
4. Atmen Sie einmal tief ein und aus.
5. Öffnen Sie die Augen und stehen Sie auf.
6. Diese Übung sollte ungefähr zwei Minuten dauern.

Machen Sie diese Übung an drei Morgen.

Übung 13: Erwachen **TAG 1**

Morgen

Übung 13: Erwachen **TAG 2**

Morgen

Übung 13: Erwachen **TAG 3**

Morgen

Übung 14: Mein Tag

1. Machen Sie Übung 12: TRAUMZUSTAND DES KÖRPERS. (Bleiben Sie, wenn Sie aufwachen, mit geschlossenen Augen im Bett. Atmen Sie ruhig und gleichmäßig. Achten Sie auf Ihre Schädelbasis oben am Nacken. Wenn Sie sich nur schwer auf diesen Bereich konzentrieren können, berühren Sie ihn leicht. Sie werden den Eindruck eines sich fortsetzenden Traums bekommen. Dies wird zwei Minuten dauern.)
2. Machen Sie dann die Übung 13: ERWACHEN. (Atmen Sie langsam und tief und lenken Sie Ihre Aufmerksamkeit dabei auf Ihre Füße und Beine. Nach einer Minute werden Sie Wärme in den Füßen spüren. Heben Sie die Zehen fünf- oder sechsmal, so, dass Sie Ihre Wadenmuskeln spüren. Atmen Sie einmal tief ein und aus. Dies wird zwei Minuten in Anspruch nehmen.)
3. Setzen Sie sich im Bett auf. Die Augen sind noch geschlossen. Heben Sie leicht das Kinn. Atmen Sie normal und bleiben Sie dabei emotional neutral.
4. Achten Sie eine Minute lang auf den Rhythmus Ihres Herzens. Sie werden das Gefühl einer Öffnung in Ihrem Herzen bekommen und den kommenden Tag willkommen heißen.
5. Diese Übung sollte ungefähr fünf Minuten dauern.

Machen Sie diese Übung an drei Tagen am Morgen.

Übung 14: Mein Tag **TAG 1**
Morgen

Übung 14: Mein Tag **TAG 2**
Morgen

Übung 14: Mein Tag **TAG 3**
Morgen

Übung 15: Dankbarkeit

Nach all dieser intensiven Arbeit werden Sie voller Erwartung auf das Ergebnis sein. Schieben Sie diese beiseite. Die Ergebnisse stellen sich nicht ein, wenn Sie es wollen, sondern zu der Zeit, die für Sie richtig ist – wenn alles in Ihrer Welt bereit ist, Ihren Wunsch zu unterstützen. Greifen Sie nicht in die Kräfte ein, die bereits für Sie arbeiten. Aber Sie können diesen Prozess durch das Vertrauen unterstützen, dass alles passieren wird.

1. Machen Sie beim Aufwachen 30 Sekunden lang die Übung 2: FRIEDEN MIT DER FEINSTOFFLICHEN UMGEBUNG. (Atmen Sie vier Sekunden lang ein. Machen Sie eine Pause von einer Sekunde. Atmen Sie dann vier Sekunden lang aus. Achten Sie dabei auf Ihren ganzen Körper. Stellen Sie sich vor, dass Sie bei jedem Einatmen das Feinstoffliche um sich herum aufnehmen. Diese Übung wird Sie in einen neutralen Zustand bringen.)
2. Sagen Sie dann mit Ihrer normalen Stimme: «Danke für die Erfüllung meines Wunsches.»
3. Wiederholen Sie anschließend 30 Sekunden lang die Übung 2: FRIEDEN MIT DER FEINSTOFFLICHEN UMGEBUNG.
4. Die ganze Übung sollte ungefähr eine Minute dauern.

Machen Sie diese Übung an fünf Tagen morgens.

Übung 15: Dankbarkeit **TAG 1**

Morgen

Übung 15: Dankbarkeit **TAG 2**

Morgen

Übung 15: Dankbarkeit **TAG 3**

Morgen

Übung 15: Dankbarkeit **TAG 4**

Morgen

Übung 15: Dankbarkeit **TAG 5**

Morgen

Nun bleibt nichts weiter zu tun. Nach diesem ganzen Training sind die Übungen ein Teil von Ihnen. Sie brauchen den ganzen Prozess nicht von vorne zu beginnen. Sie wissen, wie man einen Wunsch formuliert. Wenn Sie einen weiteren Wunsch haben, genügt es, einen Befehl zu geben, so wie Sie es gelernt haben, und nicht einzugreifen.

GENIESSEN SIE DEN PROZESS. DAS LEBEN WIRD MEHR ALS WUNDERVOLL SEIN UND MEHR ALS JEMALS ZUVOR IN IHRER HAND.

Die Sucht nach dem Tempel

Herzlichen Glückwunsch, Sie sind zu einem Schöpfer geworden. Wie fühlt sich das an? Wenn man diesen neuen Menschen erschafft, erfüllt mit magischen Kräften, ist es einfach, von sich selbst beeindruckt zu sein. Diese ganze Macht ist ziemlich berauschend. Aber die Liebe zur Macht ist letztlich eine Sucht und der höchste Ausdruck von Narzissmus. Deshalb sind Sie nicht hier.

Wenn Sie am Ende dieses Buches angekommen sind, alle Ihre Aufgaben durchgeführt haben und nun damit zufrieden sind, all diese Gaben zu Ihrer persönlichen Selbstbestätigung zu nutzen, haben Sie nichts gelernt.

Sie mögen ursprünglich hierher gelangt sein, um sich einige materielle Wünsche zu erfüllen. Doch mit Sicherheit hat dieser Prozess auch etwas in Ihnen verändert. Nun ist es an der Zeit, Ihre Magie weiterzuentwickeln und sie mit der Menschheit zu teilen. So sollten Sie Ihre Kräfte nutzen.

Bauen Sie kein Zauberschloss, um sich im Turm darin einzuschließen. Nehmen Sie am Leben teil.

Viele Anhänger verschiedener spiritueller Praktiken erreichen bestimmte Fähigkeiten und fühlen sich wohl damit, wenn sie sich in den sicheren Hafen der Meditation zurückziehen können. Sie sind innerlich glücklich. Sie haben gelernt, wie man den Lärm der Außenwelt ausschließt und sich einen behaglichen Zufluchtsort schafft, den sie inneren Frieden nennen. Es ist ein sehr tröstlicher Ort, ein Rückzugsort aus dem täglichen Lebenskampf. Und, um keine Missverständnisse aufkommen zu lassen: All den äußeren Lärm auszuschließen, ist absolut notwendig, um einen Zustand völliger Ausgeglichenheit zu erzeugen und wieder auftanken zu können. Aber es kann auch ein großes Vergnügen in sich sein – und damit die Versuchung, in der tröstenden Sicherheit der meditativen Glückseligkeit zu verharren. Auf diese Weise werden wir süchtig nach dem Tempel und danach, uns in diesen schützenden spirituellen Praktiken zu vergraben und uns immer seltener aus dem Tempel hervorzuwagen. Wir werden Gewohnheitstiere im permanenten «spirituellen Rückzug».

Sie sind nicht hier, um sich zurückzuziehen. Sie sind hier, um teilzunehmen.

Frieden ist eine Illusion. Die dynamischen Kräfte des Universums werden niemals mit Ihnen gemeinsame Sache machen, wenn Sie diesen glatten und oberflächlichen Zustand der Selbstzufriedenheit aufrechterhalten wollen, den wir Frieden nennen. Dieser sogenannte Zustand des Friedens ist ein Zustand des Nichts. Es gibt keine Interaktion mit dem Universum.

Ersetzen wir einmal das Wort Frieden durch inneres Gleichgewicht. Niemand von uns möchte unter einem ständigen Bombardement von Gewalt und Konflikten leben, weder auf der physischen noch auf der geistigen Ebene. Wir wünschen uns Erholung von den Kampfhandlungen. Aber vergessen Sie nicht: Die Hindernisse sind das, was uns weiterbringt, nicht die Annehmlichkeiten. Wir werden von den täglichen Kämpfen, den großen wie den kleinen, geprägt. Das Universum wird nie damit aufhören, Ihnen etwas zuzuwerfen, ob im guten oder im schlechten Sinne. Das Leben innerhalb eines Klosters der Behaglichkeit wird Sie nicht schützen. Es wird nur die scharfen Kanten abschleifen.

Teilen Sie Ihre Magie mit anderen. Das ist Ihr eigentliches Ziel. Die Welt braucht nicht noch mehr Mönche. Sie braucht Zauberer und Helden, die tatkräftig an den Mühen und den Freuden aller Geschöpfe, ob groß oder klein, teilhaben.

Schleudern Sie Ihre Donnerkeile!

Über Ruben Papian

Eine traditionelle Biographie kann Ruben Papian nicht beschreiben. Wer ist dieser Mann? Er ist ein intuitiver Heiler, er entwirft metaphysische Systeme/Verfahren und gestaltet Energiestrukturen. Er fliegt von Land zu Land und arbeitet mit Menschen aus allen Gesellschaftsschichten.

In den vergangenen zwanzig Jahren hat er Übungen zur harmonischen Entfaltung des Menschen in Einklang mit den Gesetzen des Universums entwickelt. Durch seine Arbeit als Heiler hat er unzähligen leidgeprüften Menschen zu einer erstaunlichen Genesung verholfen. Seine Energie-Pyramide ist eine Konstruktion, bei der Zeit und Raum verschoben werden. Der Mensch erfährt in dieser Pyramide einen veränderten Seins-Zustand. Am besten lernt man Ruben Papian durch die Lektüre seines Buches und die Arbeit mit diesen Übungen kennen. «Wie Wünsche wahr werden» ist Teil eins in einer Reihe von geplanten Büchern zur Transformation. Wenn Sie mehr über Ruben Papian erfahren möchten, besuchen Sie die Website www.rubenpapian.net

FSC
www.fsc.org

MIX
Papier aus verantwortungsvollen Quellen
FSC® C083411

Das für dieses Buch verwendete FSC®-zertifizierte Papier *Lux Cream* liefert Stora Enso, Finnland.